Corpo, Mídia e Representação

Dados Internacionais de Catalogação na Publicação (CIP)
(Câmara Brasileira do Livro, SP, Brasil)

Garcia, Wilton
   Corpo, mídia e representação : estudos contemporâneos / Wilton Garcia. - São Paulo : Cengage Learning, 2005.

   Bibliografia.
   ISBN 978-85-221-0505-2

   1. Comunicação de massa 2. Cultura 3. Imagem corporal 4. Publicidade 5. Representação (Filosofia) I. Título.

05-4168   CDD-302.2

Índice para catálogo sistemático:

1. Corpo, mídia e representação : Comunicação social : Sociologia 302.2

Corpo, Mídia e Representação

estudos contemporâneos

WILTON GARCIA

CENGAGE

Austrália • Brasil • México • Cingapura • Reino Unido • Estados Unidos

CENGAGE

Corpo, mídia e representação: estudos contemporâneos

Wilton Garcia

Gerente Editorial: Adilson Pereira

Editora de Desenvolvimento e Produtora Editorial: Ada Santos Seles

Supervisora de Produção Editorial: Patricia La Rosa

Produtora Gráfica: Fabiana Alencar Albuquerque

Copidesque: Sandra Brazil

Revisão: Flavio Morales Santos e Maria Alice da Costa

Editoração Eletrônica: Megaart Design

Capa: Megaart Design

© 2005 Cengage Learning Edições Ltda.

Todos os direitos reservados. Nenhuma parte deste livro poderá ser reproduzida, sejam quais forem os meios empregados, sem a permissão, por escrito, da Editora. Aos infratores aplicam-se as sanções previstas nos artigos 102, 104, 106 e 107 da Lei nº 9.610, de 19 de fevereiro de 1998.

Esta editora empenhou-se em contatar os responsáveis pelos direitos autorais de todas as imagens e de outros materiais utilizados neste livro. Se porventura for constatada a omissão involuntária na identificação de algum deles, dispomo-nos a efetuar, futuramente, os possíveis acertos.

A editora não se responsabiliza pelo funcionamento dos links contidos neste livro que possam estar suspensos.

> Para informações sobre nossos produtos, entre em contato pelo telefone
> **0800 11 19 39**
> Para permissão de uso de material desta obra, envie seu pedido para
> **direitosautorais@cengage.com**

© 2005 Cengage Learning.
Todos os direitos reservados.

ISBN-13: 978-85-221-0505-2
ISBN-10: 85-221-0505-7

Cengage Learning
Condomínio E-Business Park
Rua Werner Siemens, 111 – Prédio 11 – Torre A – Conjunto 12
Lapa de Baixo – CEP 05069-900 – São Paulo – SP
Tel.: (11) 3665-9900 – Fax: (11) 3665-9901
SAC: 0800 11 19 39

Para suas soluções de curso e aprendizado, visite **www.cengage.com.br**

Impresso no Brasil
Printed in Brazil

Prefácio

Corpo, Mídia e Representação: estudos contemporâneos é resultado de profícua pesquisa realizada pelo jovem, mas experiente, intelectual Wilton Garcia – artista visual e pesquisador em cinema, fotografia, vídeo, imagem digital e cultura contemporânea.

Este trabalho explicita as questões do corpo – objeto de interesse primordial de Wilton Garcia – em conexões e significações atualizadas na cultura midiática da contemporaneidade, presentes em discursos plurais como campanhas publicitárias, no suporte televisivo, na mensagem cinematográfica, na dimensão artístico-estética, na estilística da moda, na performance esportiva e na mídia digital. Trata-se, portanto, de questões que problematizam a representação do corpo na mídia, a qual talvez seja a fundante da contemporaneidade.

O enfoque privilegiado é instigante; cada página traz algo surpreendente, que foge de análises fáceis, de locais já visitados, do corpo *déjà vu*.

A visualidade corpórea é aprendida como recorrência alegórica, isto é, como pluralidade, atrelada às combinações técnicas, táticas e estratégicas que a mídia incorpora na/para sua presunção de presença. E a onipresença do corpo nas representações midiáticas é fenômeno que serve para concretizar o corpo midiático-comunicacional do contemporâneo.

Porém, esse corpo é plural e vai das fragmentações e despedaçamentos (bocas, olhos, mãos e pés são freqüentes) como metonímias que reforçam apropriações simbólicas de parte(s) pelo todo. Mas plural também na (re)apresentação dos gêneros (corpos másculos a transpirar, corpos curvilíneos a inspirar e significar feminilidades, corpos não marcados a significar a modernidade) – metáforas fortes e hipérboles discursivas.

A contemporaneidade privilegia hibridismos e sincretismos, e esses traços passam a conotar a atualidade, a qual se configura complexa, provisória, inacabada, parcial e efêmera – no e como corpo representacionalmente simbólico que, *in presentia*, se dá no próprio corpo/mídia.

O livro traz anotações que reforçam a percepção da cultura contemporânea como espetacularmente midiatizada, como o corpo em publicidade que, além de produtos e marcas, reiteram a propaganda (e a ideologia) do próprio mercado. Contém textos que incorporam e direcionam a teorização da cultura em dinâmica de contemporaneidade.

Corpo, Mídia e Representação: estudos contemporâneos não é preconceituoso, inclui possibilidades de conotação de soluções criativas ao contextualizar prováveis soluções criativas da imagem do corpo nos corpos da arte e da comunicação (mesmo na publicitária, na jornalística ou na digital). Mas nem por isso o trabalho é menos crítico – suas críticas (que também são nossas) aparecem com espontaneidade, em passeio peripatético ao caminhar e passear por seus capítulos – "figuratização imagética do sujeito social".

O texto é prazeroso, mas nem por isso menos aprofundado. Cada questão se desmembra na seguinte, e com novas luzes e em movimento dinamicamente espiralado – "são as novas diretrizes da aparência a que assistimos na atualidade". E a aparência passa a significar conteúdo (e forma) essencial à produção da contemporaneidade.

Destaque-se que a publicidade deve ter seu estatuto teórico ampliado na teoria da comunicação, e esta amplificada na constituição do corpo/mídia que atravessa e constitui a dinâmica social da contemporaneidade, não só no Brasil.

Os teóricos não são apenas citados, mas aparecem incorporados em suas reflexões que se desdobram em ativas *transcorporalidades* atuantes nas pluralidades argumentativa e sincrética sobre o corpo: produzido, maquiado, tatuado, escarificado, siliconado, com plásticas, com *piercings*, com fome, com performances: (de) atuações e (para) contemplações.

A publicidade nesse contexto está (e é preciso estar) ampliada, pois é preciso atualizar o próprio campo da comunicação e arte nesses novos tempos; corpos assimilados e constituintes de marcas e produtos – em interação dinamizada. São corpos desejantes e simbolicamente desejados – onírico do consumo a transversalizar sonhos e incompletudes do que se é e tem em contrapartida ao que seria e poderia ter (trans/de)formações corpóreas –; são propostas escritas neste livro. São reflexões e pesquisas inaugurais, mas embasadas em autores fundantes como Bhabba, McLuhan, Canclini, Hall, Maturana, Hutcheon etc. Portanto, investigação que já se dá como transdisciplinar.

São reflexões que Wilton Garcia estabelece em diálogo conosco, leitores. Dialogia viva, articulada em conexões abertas ao debate, aos novos pensares e às outras indagações.

Assim, a transitoriedade sociocultural do corpo/mídia, em movimento, é o tema incorporado neste texto, atualizador de pensamento.

O Capítulo 2, ao abordar corpo e cultura contemporânea, atua sobre as negociações entre a mídia e o culto corpóreo trabalhado e difundido pelas academias de ginástica – que produzem corpos –, assim como sobre os tratamentos medicinais e os estéticos propostos por clínicas especializadas.

No Capítulo 5, Wilton Garcia estuda as conexões entre corpo e esporte por intermédio do que se publica de forma jornalística, especialmente sobre o corpo competitivo de Daiane dos Santos e sua ginástica versátil, dançante, veloz e acrobática.

O autor também lança olhares sobre a construção simbólica do metrossexual e sua conexão com as políticas de gêneros ao ressaltar que o estático/estético do masculino/feminino está em dinâmica de gênero que leva e conduz ao *entrelugar*, topologia de intersubjetividade de gênero.

Trata-se, assim, de um texto em que se desdobram análises que revelam a espetacularização, a performance física, a competência psíquica, o agenciamento da virtualidade na (des)construção dos aspectos visíveis, mas nem sempre percebidos, da constituição do corpo em tempo que se constrói no hoje – aqui, agora do contemporâneo.

O leitor está convidado a compartilhar a fechadura que permite adentrar nos espaços espetaculares do corpo midiatizado na tessitura e urdidura da cultura contemporânea. Seja *voyeur* e conosco observe este corpo/pensamento de Wilton Garcia em sua performance.

Ivan Santo Barbosa
Professor Titular e Coordenador do Nielp
(Núcleo Interdisciplinar de Estudos da Linguagem Publicitária)

Introdução ... XI

1 Noções de corpo ... 1
   Transcorporalidades ... 13

2 Corpo e cultura contemporânea ... 23
   Alegoria espetacular ... 35

3 O corpo no discurso da publicidade ... 43
   1,99 – o filme ... 55

4 Derivas entre moda e estilo ... 61
   Moda brasileira: especificidades ... 77

5 O corpo no esporte ... 85
   Daiane dos Santos: a atleta ... 96

6 A imagem do metrossexual no Brasil ... 101
   Mídia e mercado masculino ... 116

7 Arte, performance e alteridade ... 123
   Grupo Corpo ... 136

8 Perspectivas do corpo digital ... 143
   Experimentações virtuais ... 151

Considerações finais ... 157

Referências bibliográficas ... 161

A idéia de agrupar *corpo*, *mídia* e *representação* implica apostar em estratégias discursivas presentes em campanhas publicitárias, televisão, cinema, artes, moda, esporte ou mídia digital. O agrupamento desses termos, que formula o título deste livro, considera alguns mecanismos midiáticos que apontam o corpo na sua máxima representacional contemporânea, ou seja, interessa-nos destacar de forma crítica a imagem corporal que se mostra no campo da mídia e dos meios de comunicação.

Como introdução, buscamos explorar a imagem do corpo para além dos anúncios contemplados pela mídia e pela publicidade contemporânea. Advertência: a contemporaneidade aqui deve ser observada por meio da linha teórica de Homi Bhabha (1998) como provisória, inacabada, parcial e efêmera. Este livro é um exercício conceitual e pragmático de relacionar *corpo*, *mídia* e *representação* como estudos contemporâneos. Não se trata, exclusivamente, de observar o corpo contemporâneo na publicidade ou, melhor, pensar em dois campos relacionando-se: corpo e publicidade. Pensar-fazer é contemporâneo.

No seu amplo espectro de (re)contextualizações, em um processo didático-pedagógico, é a imagem do corpo o ponto de partida dessas anotações, direcionado à teorização da cultura. A figuratização visual do corpo auxilia o leitor e o público a apreender as informações de produto/marca. Assim, apresentamos a visualidade do corpo como recorrência retórica da publicidade, atrelada às combinações técnicas, táticas e estratégicas que a mídia incorpora na sua própria representação. Poderíamos obter outras leituras, no entanto, optamos por considerar que na descrição da imagem (seus espelhos e reflexos de luminosidade) é que se instaura a imanência corpórea dos objetos aqui investigados.

Paradoxalmente, tentamos nos distanciar de metáforas, embora admitamos: apenas as utilizamos como recurso de (des)construção discursiva da publicidade e da mídia (poéticas de alteridades) para pontuar problemas, desafios, críticas e possíveis soluções criativas, ao contextualizar a imagem do corpo no campo da comunicação social e da arte. Portanto, na ordem do Narciso, o princípio que reiteramos marca-se pela figuratização imagética do sujeito social, nesse caso, da manifestação do corpo contemporâneo, bem como os ambientes de sua representação visual. "Enquanto adotamos a atitude de Narciso, encarando as extensões de nosso corpo como se estivessem de fato *lá fora*, independentemente de nós, enfrentamos os desafios tecnológicos com a mesma sorte, a mesma pirueta e queda de quem escorrega numa casca de banana" (McLuhan, 1969, p. 89). Em razão disso, nossa investigação crítica tenta articular diferentes noções do corpo, adaptadas às discursividades em arte, imagem, publicidade e mídia.

Com efeito, trata-se de estudar os elementos fundamentais da tríade *corpo*, *mídia* e *representação*, a fim de refletir sobre os processos de manifestação do corpo na mídia – além de chamar a atenção para o uso da persuasão e do estímulo, estrategicamente, sobre o público-alvo como modo de agregar valor ao produto/marca. O encontro do corpo e de sua representação com a divulgação da mídia (re)inscreve a sua materialidade figurativa, (re)desenhado na perspectiva visual da imagem. Do corpo "violão" ao corpo musculoso, trabalhados nas academias de ginástica, diferentes abordagens e considerações sobre a imagem do corpo perfazem as novas diretrizes da aparência a que assistimos na atualidade.

Assim, apresentamos alguns debates e críticas acerca da relação do corpo na cultura midiática como construção/inserção do discurso contemporâneo, considerando os aspectos de organização, produção, conteúdo, circulação e recepção da informação, sobre o uso de estratégias discursivas ao verificar as versatilidades de inscrições (inter)subjetivas, enfatizando a publicidade. De acordo com Denise Sant'Anna (2001, p. 122):

> Depois do estilo publicitário que reduzia todos os seres não pertencentes à empresa, à insignificância e à orfandade, emerge uma publicidade que ambiciona traçar vínculos, sem mediadores, entre os seres na empresa (e fora dela) com a marca anunciada. "Você sonha", e a marca realiza. (...) Não por acaso, igualmente, deixou de ser uma exceção o investimento de empresas na reciclagem do lixo, nas campanhas em prol da conservação do meio ambiente e em manifestações favoráveis aos direitos das minorias.

Dessa forma, os problemas sociais e políticos passam a se inserir em alguns dos roteiros de campanhas publicitárias para garantir o diálogo com o público – é o caso do Serviço de Atendimento ao Consumidor (SAC). Vale destacar que a noção de publicidade deve ser ampliada consideravelmente no campo da comunicação como elemento da mídia para além da dimensão regulatória do mercado, isto é, algo que reverbere os efeitos de divulgação publicitária. É necessário ver/ler a constituição crescente e dinâmica da publicidade interagir como mídia cujos fatores enunciativos estão dispostos na estratificação midiática da informação comunicacional.

A estratificação midiática, que utiliza a imagem do corpo, incorpora diferentes estratégias que elevam visualmente a qualidade do produto como forma de preenchimento do desejo e da satisfação do consumidor. Satisfazer o consumidor é tarefa que o publicitário também adota como meta. Entre as dimensões não-verbal e verbal, a expressão sincrética do corpo surge como predicação discursiva que implementa a noção de mídia e publicidade, uma vez que essa linguagem corporal no campo da comunicação possibilita o entrecruzamento de aspectos objetivos e subjetivos.

Desse modo, associar a imagem corpórea a qualquer produto, de modo indubitável, implica agregar valor ao produto/marca no exercício da publicidade como estratégia midiática. Observamos que, nos procedimentos de persuasão da técnica publicitária, a imagem corporal potencializa o produto/marca, diante da formatação de malhas (inter/trans)textuais. O corpo emerge como aspecto fecundo na publicidade contemporânea e torna-se objeto aglutinador de características identificatórias entre o público e o produto. Estudar em um viés crítico essas malhas (inter/trans)textuais inscritas pela imagem corpórea não é tarefa fácil, uma vez que o registro do corpo na publicidade instiga o público ao consumo; ainda que a vulnerabilidade dessas ações contemporâneas não fixe o lugar intermitente do corpo, pelo contrário, ela transversaliza sua escritura múltipla.

O corpo surge na atualidade como tema de profundas (trans/de)formações, e provoca aguçado destempero. Do natural ao artificial, do úmido ao seco, da matéria ao espírito, do orgânico ao maquínico, o debate a respeito do corpo parece ser tema efervescente, sobretudo pela complexidade tenaz que se expõe no contemporâneo. Presenciam-se as (trans/de)formações do corpo e, com elas, instauram-se "novas/outras" mediações entre o cuidar da aparência física e de sua representação sociocultural. Não nos cabe julgar os artifícios de (trans/de)formação do corpo, apenas reconsiderá-los como prática discursiva na ordem da espetacularização corpórea. Privilegia-se a aparência como condição fundamental à sociabilidade da cultura contemporânea. Segundo Maffesoli (1996, p. 155):

> De fato, a prevalência da aparência é, de um lado, uma realidade (um conjunto de realidades) suficientemente verificada para que seja levada a sério. E, do outro, uma constante antropológica que se encontra em lugares e em tempos diversos. Isso também é preciso lembrar. A teatralidade [espetacularização] dos corpos que se observa hoje em dia é apenas a modulação dessa conduta: a forma esgota-se no ato, é uma eflorescência, basta-se a si mesma. Inúmeros são os domínios onde isso é observável. Nos que fazem disso profissão, com certeza: da moda à publicidade, passando pelas diversas imagens midiáticas.

Especula-se que a epifânica superficialidade da aparência tenta elaborar a (des)construção sociocultural da exterioridade orgânica do corpo, cuja preocupação hedonista de (trans/de)formá-lo percorre os dormitórios do pensamento para aflorar e realçar a aparência. As conseqüências provocadas pelas (trans/de)formações do corpo (de)marcam o hedonismo (entre o individualismo e a instantaneidade da forma), que fortalece o destino da imagem corporal contemporânea. Diríamos que essas (trans/de)formações impostas ao corpo (re)significam os desafios propostos neste livro.

A representação do corpo contemporâneo em suas múltiplas (re)configurações evidencia a articulação de estratégias discursivas, que são mecanismos (re)instauradores da condição adaptativa do corpo como objeto de linguagem. A leitura crítica deste trabalho apóia-se nos estudos contemporâneos, com ênfase nas teorias críticas contemporâneas (Bhabha, 1998; Hall, 2001; Canclini, 2003) e nos estudos de fronteiras (Hutcheon, 2000), em que ambos suplementam categorias como: alteridade, ambigüidade, diferença, imaginário, intertextualidade, poética, resistência e subjetividade. Nesse conjunto teórico, também observado como procedimento metodológico, insere-se o recorte conceitual, que objetiva a atitude crítica acerca da manifestação da corporalidade na comunicação, em particular, no eixo da publicidade, como um *work in progress*.

Esse procedimento promove o debate sobre a construção da noção conceitual de *transcorporalidades*.[1] Para pensar o trânsito do corpo contemporâneo, as *transcorporalidades* atuam na multiplicidade de argumentos sincréticos sobre/do corpo. As impressões acerca do corpo inserem novas abordagens e leituras capazes de prolongar os enunciados corporais no trânsito midiático. Efetivamente, a lógica do corpo contemporâneo (sub)verte e transgride os cânones do sistema dominante, tendo em vista as diferentes manifestações testemunhadas, atualmente, por meio de tatuagem, silicone, *piercing* etc. Com isso, a dinâmica deste trabalho traduz a fruição de diversas áreas do conhecimento, como arte, antropologia, biologia, comunicação, literatura, medicina, psicanálise. Essas áreas desdobram-se no tratamento (inter/trans)disciplinar e convergem em redes de conversação (Maturana, 1997).

Compartilhamos nossas anotações com o leitor, a fim de dialogar conceitualmente sobre os processos de mutações corporais e imagéticos, em que o corpo se torna sistema de articulação discursiva em evidente recorrência na mídia contemporânea. Nessa multiplicidade de olhares que evidenciam o corpo, faz-se necessário propor algumas inquietações: Quais são as implicações conceituais, intrínsecas, da representação contemporânea que envolve o corpo na mídia? Como pensar a refração entre corpo e imagem corporal? Quais são os ambientes que aproximam e intensificam essa imagem corporal ao produto/marca? Que tipo de propriedade subverte e transgride a imagem corporal na publicidade ou na mídia? É possível refletir sobre diferença, diversidade, alteridade culturais que a mídia absorve (aborda)? Qual é a extensão do fazer publicitário para elaborar predicativos e/ou traços que legitimam o corpo no anúncio?

Acreditamos que as indagações e as respostas permanecem cada vez mais abertas ao debate. Existe uma série de questões que problematizam e,

---

[1] Este estudo faz parte da pesquisa *Teoria e política do corpo* – uma leitura crítica sobre o corpo (Garcia, em desenvolvimento) cuja fundamentação conceitual intertextualiza com a produção teórica da pesquisadora canadense Linda Hutcheon, em *Teoria e política da ironia* (2000).

de modo proeminente, desafiam a manifestação do corpo na publicidade. Atualmente, há um número significativo de estudiosos atentos às experimentações do corpo (ver o Capítulo 1). Objeto de veneração para alguns e de pesquisa para outros, as diversas abordagens da expressão do corpo – traduzida a partir do cotidiano – compreendem a interlocução de depoimentos e relatos sobre as experiências corporais, sobretudo no ambiente da publicidade. Chamamos também a atenção do leitor para intermediar esse conjunto de anotações que perpassam a noção de *corpo, mídia* e *representação* e, com isso, tentar produzir sua própria (re)significação discursiva. Ou seja, o leitor deve elaborar uma intervenção crítica. Dessa forma, propomos utilizar o termo noção como condição adaptativa de descrição do objeto–corpo.

Se, por um lado, a mídia parece destituir o lugar do corpo, quando o quer como objeto de consumo e de espetacularização, por outro, a cultura digital envolve questões da biotecnologia, em um profícuo diálogo com as ciências médicas e biológicas. Da estética plástica ao silicone, culminando na robótica e na cibercultura, a publicidade presencia a (trans/de)formação do objeto corpóreo que disponibiliza a síntese material da tecnologia digital. Nesse trânsito, ressalvamos que a figura humana sempre esteve presente na comunicação, que elabora pressupostos (inter)cambiantes sobre o corpo. Esse último toma lugar de tamanha importância no nosso cotidiano e, por isso, é aqui o centro do debate.

Constata-se que as diferentes noções de corpo, neste livro, percorrem a (dis)junção de discursos e enunciados para potencializar as variantes da condição adaptativa (inter/trans)textual, marcada pela linguagem. É a partir da linguagem que este estudo desenvolve-se como instância discursiva do corpo. Essa (re)configuração de corpo (inter/trans)textual permite maior flexibilidade criativa e competente para agenciar/negociar o lugar do corpo na cultura contemporânea como eixos de *transcorporalidades.*

Aqui, arte, comunicação, tecnologia, mercado e publicidade contaminam-se pela economia e se encontram (re)dimensionados na transitoriedade sociocultural discursiva da mídia. Por isso, elegemos o corpo como unidade de informação (categoria crítica de leitura), que (re)configura suas próprias noções conceituais, teóricas e metodológicas. Esse conjunto – arte, comunicação, tecnologia, mercado e publicidade –, atrelado às propostas contemporâneas, efetiva a (des)construção discursiva da mídia que perpassa a tônica expressiva do corpo (inter/trans)textual, atualizado pela representação.

Antes de apresentar os capítulos deste livro, registramos as considerações a seguir como expectativa de produção do conhecimento contemporâneo sobre a idolatria do corpo perante a economia libidinal, porém longe da viscosidade da moral teórica, como afirma Codo e Senne (1985, p. 85):

> Que é a corpolatria senão a tradução fantástica do individualismo que o Capital promoveu, da futilidade que o consumo contemporâneo impôs, da esperança de um homem que não se encontra no seu próprio trabalho ou que já se perdeu nele? O que visa a corpolatria senão a busca de uma essência humana mágica porque o sistema rompeu com a essência humana concreta? (...) os fanáticos da corpolatria inventam através do prazer o mesmo individualismo de que estão fugindo, expõem sua miséria real enquanto protestam contra ela, arrastam para dentro de si a ausência de espírito que encontram no mundo. A corpolatria é o ópio da classe média.

Assim, o Capítulo 1, *Noções de corpo*, apresenta o vasto panorama de autores contemporâneos que trabalham diferentes questões conceituais sobre o corpo no universo das ciências humanas, no Brasil e no exterior. Desde a consagração teórica já difundida por Marshall McLuhan ao pensamento crítico que surge na universidade brasileira, esse mapeamento funciona como diagnóstico qualitativo, que confirma a emergência de estudos e de pesquisas sobre o corpo. Estudos atualizadores do pensamento. Após essa visitação, investimos particularmente na (des)construção da noção conceitual de *transcorporalidades* como *episteme* (nascimento, surgimento) de uma proposta crítica para aplicá-la ao longo deste estudo.

No Capítulo 2, *Corpo e cultura contemporânea*, inscreve-se a (re)contextualização do corpo na cultura, que ocorre a partir do agenciamento/negociação entre a mídia, o culto ao corpo nas academias de ginástica e os tratamentos clínicos de estética e medicina estética. A expressão da imagem corporal – compartilhada pelos elementos publicitários que tangenciam a sociedade – enuncia alguns traços relevantes a se destacar.

Em *O Corpo no discurso da publicidade*, Capítulo 3, os vestígios estratégicos da mídia auxiliam na exposição publicitária dos enunciados que propagam e/ou divulgam a imagem corporal. Nesse contexto, a noção de corpo implementa-se pelas transposições da imagem espetacularizada. O exercício da publicidade eleva a imagem corporal para o máximo valor venal do produto/marca. Ao relacionar esses princípios, assumimos a carga poética do filme brasileiro *1,99*, do diretor Marcelo Masagão,[2] para exemplificar nossas anotações críticas.

No Capítulo 4, *Derivas entre moda e estilo*, redimensiona-se o universo da moda nos desdobramentos que relacionam corpo, roupa e estilo como fatores discursivos. A crítica sobre o mercado de bens e consumo investe na imagem positiva do corpo e em suas nuanças, assim como está atento aos desafios que incursionam pelo vestir. Na crista da moda, o corpo ganha espaço nos *outdoors*, nas revistas e nos jornais. Da roupa ao acessório, das atividades profissionais ao mercado, em particular no Brasil, a moda atual inscreve o lugar do corpo para além da regularidade normativa da mídia e da sociedade.

A relação *O corpo no esporte*, Capítulo 5, assume a identificação direta do trabalho atlético de Daiane dos Santos como objeto de investigação e crítica do corpo competitivo – o corpo que compete emana outro olhar,

---

[2] Produção de 2003, o filme *1,99 – Um supermercado que vende palavras* tem como personagens principais o desejo, a angústia e nossa compulsão pelo ato da compra.

outro cuidado, outro visual. A cobertura midiática dos esportes olímpicos e a intensidade da performance dessa atleta são temas recorrentes que levam ao debate sobre a comunhão entre *corpo, mídia* e *representação*. No universo da comunicação, a imagem desse corpo atirado ao ar ritmicamente impressiona o público por sua versatilidade acrobática, quase dançante.

A inscrição do metrossexual[3] como personagem (des)construído pela mídia contemporânea mundial expõe uma série de fatores que atacam a masculinidade. Efeitos técnicos, proposições plásticas e demais assuntos de beleza sobre o corpo e sua manifestação na atualidade são tratados no Capítulo 6, *A imagem do metrossexual no Brasil*. Assim, as (de)marcações entre masculino/feminino caem por terra para dar lugar a uma discussão mais fluida e inclusiva da subjetividade visual, daquilo que pode ser descrito como *entre-lugar* – espaço de intersubjetividade da condição adaptativa de gênero.

Em *Arte, performance e alteridade*, Capítulo 7, anuncia-se o exercício do corpo humano. Variações performáticas, implicações de forma/conteúdo, além de argumentos teóricos e políticos são anotações que exploram e expõem noções contemporâneas de performance. Neste espaço de discussão e debate, ampliamos o tópico específico sobre o trabalho do Grupo Corpo, que se torna menção exploratória por sua qualidade ímpar.

Já no Capítulo 8, *Perspectivas do corpo digital*, tentamos demonstrar uma espécie de futuro em contraponto às novas tecnologias digitais para pensarmos o corpo contemporâneo em suas múltiplas interfaces. A paisagem do estado "ciber" reposiciona avatares dessas novas tecnologias e, assim, atualiza a performatização transcorporal. A experiência digital, na verdade, enuncia o compartilhamento da noção de corpo com as tendências que incorporam as redes da cibercultura e da hipermídia.

Realizadas tais considerações, passamos pelo universo das representações para eleger o corpo como fecundo objeto de investigação das proposições comunicacionais contemporâneas.

---

[3] Metrossexual (metro = metrópole; sexual = heterossexual): termo criado em 1994 pelo colunista e crítico social Mark Simpson, define o homem (heterossexual) que vive nos centros urbanos e demonstra claramente sua vaidade sem medo de ser mal-interpretado.

Este livro tornou-se possível na extensão das perspectivas resgatadas pela participação e coordenação dos seminários *Corpo & Arte* (2004), *Corpo & Tecnologia* (2003), *Corpo & Mídia* (2002), *Corpo & Imagem* (2001) e *Corpo & Cultura* (2000), realizados em São Paulo, além da experiência profissional deste autor como professor universitário em cursos de Comunicação Social, desde 1998. Em síntese, é um panorama daquilo que se pode firmar, por ora, como condição adaptativa entre *corpo, mídia e representação*.

De corpo presente, boa leitura!

O Autor

A manifestação do corpo contemporâneo tem despertado muito interesse de pesquisadores e deve ser alvo de pesquisas que enunciam ampliações de diferentes significados que incluem o contexto da cultura brasileira. Observa-se que o processo de abertura política no País é um fator que tem propiciando o desenvolvimento mais espontâneo e abrangente de temas sobre corpo, identidade e gênero. O registro desses avanços (re)desenha a agenda dos debates diversos que dimensionam uma "nova" sociedade cuja mídia acompanha paulatinamente o processo de expressão do corpo e, também, explora a confluência de oportunidades.

Ao eleger a noção de corpo como dispositivo contemporâneo, observa-se o desdobramento de representações, experiências e afetividades na mídia cujo contexto transversaliza "novos/outros" produtos culturais, sobretudo na publicidade e no mercado de consumo. A relação corpo, consumo e imagem, hoje, é intensa. Acreditamos que o consumo faz parte da (des)construção da cultura das mídias.

Tão complexo é o corpo, imagine estudar a sua manifestação! A idéia de cultura, atualmente, estratifica uma série de questões paulatinas no desdobramento conceitual sobre o corpo, em que os argumentos traduzem anseios e inquietações agudas. A recorrência desse tema implica o processo de criação comunicativa e artística contemporânea em uma rede de enunciações ambígua, sincrética e performática, em que a dinâmica de um corpo (inter/trans)textual emerge na (inter)mediação do estado híbrido entre arte, comunicação, ciência e tecnologia.

As diversas noções de corpo, que podem ser observadas em livros, revistas e jornais, evidenciam a responsabilidade de permear diferentes pontos de vistas a fim de demonstrar a circulação de posicionamentos e de críticas sobre a imagem do corpo no contexto contemporâneo. Como enfoque temático, aqui, essas noções abordam dispositivos lógicos de complexidade para além da simples materialidade física/anatômica, considerando os diferentes discursos articulados na mídia – em particular na publicidade. Para tanto, desempenhamos uma leitura reflexiva em que é possível pensar o corpo em um conjunto (inter)textual sob as formas divergentes que assumem as práticas midiáticas.

Com ênfase nos diferentes períodos da história, por exemplo, podemos verificar uma linha cronológica que pontua a expressão do homem e sua referencialidade na arte e na cultura a partir do corpo. Sabemos que, desde os primórdios até os dias de hoje, o conceito de belo associa-se ao corpo perfeito, forte, saudável e jovem. Muito mais que uma indicação apolínea e/ou dionisíaca, essa beleza relaciona-se ao intelecto, a partir do conceito de Friedrich Kant entre o belo e o sublime ou a efetivação estanque entre corpo e espírito. De forma crítica, observa-se que essas posições kantianas já são bastante ultrapassadas, tendo em vista as "novas/outras" possibilidades de (des)construção discursiva sobre a incomensurabilidade da representação.

Em outras palavras, o belo e o sublime – como categorias críticas da estética – perfazem variantes que não podem nem conseguem fixar um posicionamento de sentidos, pois interessam-nos os efeitos de sentidos. Assim também perde-se no tempo a relação corpo/espírito, pois estamos diante de situações muito mais críticas do que as da época de Kant. Vivenciamos, hoje, a era da informação com os meios de comunicação em alta e, diante disso, inserem-se as novas tecnologias. Portanto, a noção de corpo aqui está para além da estética que perpassa a filosofia, ao adentrar o campo da linguagem para explorar a produção de mensagens, nesse caso a mídia publicitária.

Ao pontuar o corpo como reinvestimento desses efeitos, as estratégias discursivas – utilizadas na publicidade – (re)criam a imagem corporal, acoplada à experiência, ao imaginário e à subjetividade. É a partir desses efeitos de sentidos midiáticos que o corpo aqui será ressaltado, ou melhor ainda, a partir do fluxo dos efeitos da imagem corporal que enunciaremos nossa leitura crítica sobre *corpo*, *mídia* e *representação*. Nessa diferença constante, entre corpo e sua própria imagem, torna-se possível enveredar por caminhos cuja leitura crítica efetiva-se na mediação ostensiva da publicidade com a comunicação e a arte. Dessa forma, permitam-nos dizer que o corpo contemporâneo traduz um amontoado de (re)significações socioculturais, que são eleitas no transcorrer deste estudo.

Neste instante, queremos demonstrar um breve panorama de revisitações teóricas sobre o corpo, uma vez que as vertentes desse mapeamento são muitas. Ao elaborar um grupo de teóricos que trabalham suas noções de corpo, vislumbramos traçar um caminho conceitual que auxilia o leitor a compreender nosso desígnio para atingir a (des)construção do conceito de *transcorporalidades*. O percurso apresentado, portanto, organiza-se como alicerce dessa jornada teórica, mas não menos prestigioso de deliciarmos poeticamente pelas entranhas epistemológicas dos órgãos e da carne!

Iniciaremos esse mapeamento a partir de Marshall McLuhan (1969). Para ele, os meios de comunicação como extensão do homem organizam-se nos fenômenos da experiência sensorial humana. Nesse caso, os estudos sobre meios de comunicação fazem do corpo objeto de comunicação, o qual experiencia o mundo a partir de (inter)mediações sensoriais. Essa (inter)mediação encontra-se atrelada à máxima de McLuhan, "o meio é a mensagem", cuja relação sociocultural do corpo é vivenciada por sua acoplagem aos objetos inscritos no mundo, ou seja, na aldeia global. Os intervalos que compreendem a conexão entre meio e mensagem são dispostos pelas habilidades competentes que a própria noção de corpo traduz enquanto linguagem. Segundo McLuhan (1969, p. 61):

> A função do corpo, entendido como um grupo de órgãos de proteção e sustentação do sistema nervoso central é a de atuar como amortecedor contra súbitas variações do estímulo no âmbito físico e social. (...) Com o advento da tecnologia elétrica, o homem prolongou, ou projetou para fora de si mesmo, um modelo vivo do próprio sistema nervoso central. Nesta medida, trata-se de um desenvolvimento que sugere uma auto-amputação desesperada e suicida, como se o sistema nervoso central não mais pudesse contar com os órgãos do corpo para a função de amortecedores de proteção contra as pedras e flechas do mecanismo adverso.

Ele complementa:

> Ao colocar nosso corpo físico dentro do sistema nervoso prolongado, mediante os meios elétricos, nós deflagramos uma dinâmica pela qual todas as tecnologias anteriores – meras extensões das mãos, dos pés, dos dentes e dos controles de calor do corpo, e incluindo as cidades como extensões do corpo – serão traduzidas em sistemas de informação. (p. 77)

A partir das citações apresentadas, observamos que a capacidade de transpor a manufatura físico-biológica como desprendimento cerebral absorve os prolongamentos do corpo em uma extensão simbiótica, orgânica, sociocultural. Do natural ao artificial, esse enlace entre natureza e cultura contamina-se da experiência humana e da técnica como valor maquínico para pensar, nos dias de hoje, os objetos como o *mouse* do computador, o controle remoto, os óculos. Essa fala de McLuhan, por inscrições de metáforas, legitima o deslocamento que projeta a noção de corpo como estado contingencial, que também se verifica no trabalho atualizado por Humberto Maturana (1997), com a biologia do conhecimento, ao pensar a acoplagem. Ou seja, a materialidade do corpo e seu contexto faz-se por meio de (inter)mediações comunicacionais recorrentes de múltiplos intercâmbios como uma condição *sine qua non*. São trocas simbólicas e emblemáticas que realizam (dis)junções, ao interligarem esse corpo e sua ambientação espacial.

O polêmico filósofo Michel Foucault também contribuiu significativamente para refletirmos sobre corpo, biopoder e o cuidar de si, perante a (des)construção da política de desejo e de identidade, não só no discurso mas também na prática. A dinâmica interna do próprio sujeito – longe de uma perspectiva narcísica – é fruto das discussões com o outro, no sentido de alteridade, repensando até mesmo o conceito de panóptico em *Vigiar e punir* (1987). Foucault resgata a ordem disciplinar do sistema dominante, entre público e privado, para demonstrar a castração do sujeito, em que o corpo pulsa afeto, erótica, desejo, gênero, sexo e sexualidade como forma de controle sociocultural e de poder do Estado. Em *História da sexualidade* (1999), ele descreve o território da economia sexual com base na saúde e na filosofia, em que a problematização da moral, da ética, da estética e da dietética do corpo já era pensada desde a antigüidade grega, porém essas reflexões devem ser atualizadas.

Nesse fluxo atrelado ao gênero e à sexualidade, as assinaturas de Julia Kristeva e Judith Butler também merecem seus apontamentos e destaques, seja pelos estudos de gênero, pelos estudos da mulher ou pelo feminismo. Sobretudo para Butler, a noção de corpo deve estar ampliada na performatividade, para além da (de)marcação material ditada pelo efeito visual do corpo. Isto é, a performatividade que constitua a diferença sexual, caso seja necessário observar. De acordo com Butler (2001, p. 154):

> (...) o que constitui a fixidez do corpo, seus contornos, seus movimentos, será plenamente material, mas a materialidade será repensada como o efeito do poder, como o efeito mais produtivo do poder. Não se pode, de forma alguma, conceber o gênero como um construto cultural que é simplesmente imposto sobre a superfície da matéria – quer se entenda essa como o "corpo", quer como um suposto sexo. Ao invés disso, uma vez que o próprio "sexo" seja compreendido em sua normatividade, a materialidade do corpo não pode ser pensada separadamente da materialização daquela norma regulatória.

As idiossincrasias que acentuam os vínculos entre gênero e sexo somatizam, sintomaticamente, alguns equívocos, uma vez que associam o corpo a uma materialidade cristalizada, incapaz de agenciar/negociar sua representação performativa. Efetivamente, a ação do corpo instaura a discursividade performática que (re)inscreve sua morada. Nesse território sobre corpo, gênero, sexo, identidade e sexualidade, Marlise Matos (2000) (re)vê/lê Butler para enunciar um vasto território – entre sociologia e psicanálise – de alternativas conjugais de diferentes corpos em *transperformances*.

Já David Le Breton (2003) escreve sobre o esgotamento do corpo enquanto limite insuportável do desejo, quando a modernidade proporciona seu esvaziamento. A exaustão pela busca da imagem corporal "perfeita" converge a subjetividade da carne em artifício. O olhar preciso de Le Breton denuncia a atenção que temos com as trocas simbólicas para ficarmos fisicamente belos, sem nos preocuparmos com o desgaste e o distanciamento (as correções cirúrgicas, por exemplo) de nossa realidade corporal como uma manipulação rotineira que dilui, cada vez mais, a identidade. Na tentativa de corrigir as características do corpo como se fossem falhas, Le Breton (2003, p. 24) afirma:

> (...) o corpo é supranumerário, principalmente para certas correntes da cultura cibernética que sonham com seu desaparecimento. É transformado em artefato, e até mesmo em "carne" da qual convém se livrar para ter, por fim, acesso a uma humanidade gloriosa. A navegação na Internet ou a realidade virtual proporciona aos internautas o sentimento de estarem presos a um corpo estorvante e inútil ao qual é preciso alimentar, do qual é preciso cuidar, ao qual é preciso manter etc., enquanto a vida deles seria tão feliz sem esse aborrecimento. A comunicação sem rosto – sem carne – favorece as identidades múltiplas, a fragmentação do sujeito comprometido em uma série de encontros virtuais para os quais a cada vez ele endossa um nome diferente, e até mesmo, uma idade, um sexo, uma profissão escolhidos de acordo com as circunstâncias.

Nessa vertente, Henri-Pierre Jeudy (2002) aponta o corpo como obra de arte. A relação sujeito e objeto, em sua premissa, perfaz um território de possibilidades (inter)subjetivas com suas experiências contemporâneas. Segundo esse pensador francês, a noção de corpo articula-se na irrupção constante e incontrolável das imagens que subvertem a ordem das representações para além do plano perceptivo; aquém da distinção (que separaria) entre sujeito e objeto aconteceria a força hábil das imagens corporais. Essas últimas ligam-se ao imediatismo das sensações, das emoções, sem necessariamente transpassar a representação nem depender de um ato de percepção. Portanto, o corpo perde seu lugar na cena para uma condição adaptativa, extremamente volátil, artificial, superficial. Assim, para Jeudy (2002, p. 15-16):

> Esse ato de aceder ao mundo imagético, que cumpre um princípio de identificação, parece implicar a idéia de que o corpo não é de imediato apreendido em imagens. A separação tida como originária entre o corpo e as imagens corporais vem justificar a representação comum do corpo como fonte dessas imagens. Como o próprio corpo poderia existir fora das representações que dele fazemos? Todavia, não controlamos o movimento das imagens corporais, seu modo de irrupção, de retorno, de exacerbação, a velocidade de sua difração ... Essa estética das imagens corporais não vem da posição de um sujeito que pareceria decidir ver o mundo, o corpo alheio e seu próprio corpo como um "quadro artístico vivo"; ela depende de uma certa autonomia de aparição e de evanescência das imagens corporais.

Dessa forma, tomamos como noção conceitual o pensamento de Hans Ulrich Gumbrecht (1998), ao observar a materialidade da comunicação e também transversalizar a relação de corpo e de materialidade que aponta uma corporalidade contemporânea. Segundo ele, "a forma é a unidade de referência externa e interna" (p. 148). Evidentemente, essa proposição enunciativa aproxima-se da versatilidade para além da lógica formal cujos argumentos dinamizam a disposição descritiva dos termos, em especial, aqui, o corpo. Assim, observamos os mecanismos discursivos que se adaptam às indicações enunciativas do objeto corporal na publicidade exposta pelos anúncios.

Parece que os denominadores da pós-modernidade – *des*materialidade, *des*referencialidade, *des*totalidade e *des*temporalidade (Gumbrecht, 1998) – têm como fim "eliminar" a possibilidade de existência da arte e do homem. E assim, poeticamente, a noção de corpo paira sobre qualquer lugar, em qualquer dimensão.

A natureza da experiência humana vincula-se e se adapta na matéria do corpo e sua ação cognitiva/sensorial configura as habilidades desses efeitos de sentidos, que o próprio universo não consegue abranger enquanto potencialidade da competência orgânica corporal. O limiar da imagem corporal faz que, cada vez mais, a urgência da plasticidade da matéria viva da vida – o corpo – seja ponto pacífico da expressão do sujeito contemporâneo.

De outra forma, o corpo, aqui, como categoria discursiva deve ser considerado lugar ideal de intermitências midiáticas – suporte de imagem e som – para dilatar a percepção/cognição sensorial humana que incide na imagem.

Os esforços para enveredarmos nesse tema – o corpo – possibilitam refletir sobre as variantes que atrelam um estado híbrido de intersubjetividades, cujas anotações demonstram diferentes noções de corpo, de acordo com a linha de pesquisa de cada autor. Os estudos sobre a manifestação do corpo na pesquisa brasileira não seriam diferentes. A complexidade antropofágica, erótica, sincrética da nossa cultura estratifica-se na diversidade de aspectos étnicos, sexuais, sociais, emaranhada pelas marcas da desigualdade. Pensar essas noções divergentes implica promover um pouco mais a efervescência sociocultural que dimensiona a quebra de paradigmas do corpo brasileiro.

Retomando a materialidade da comunicação, bem como as culturas das mídias, Bernadette Lyra (2001) também orienta um trabalho próprio da escritura interessada nas predicações contemporâneas, da literatura ao cinema. Seus investimentos teóricos no corpo anunciam a (des)construção perspicaz com a teoria do jogo a partir de trabalhos recorrentes como Rogger Caillois (1987), Wolfgang Iser (1996) e Donald Winnicott (1975) (ver o Capítulo 4). Ao falarmos do corpo e do cinema, remetemos ao nome de João Luiz Vieira (2003), que tem escrito trabalhos que tocam nas questões da imagem (cinema, vídeo e fotografia) e das tecnologias novas. Nesse percurso, ele aposta em algumas anotações sobre diversidade sexual, assim como em questões *queers*[4] no Brasil. Nesse âmbito, o trabalho sobre o cor-

---

[4] O termo *queer* pode ser traduzido como estranho, esquisito, diferente, porém essa condição adaptativa deve ser estudada como política de desejo que se fundamenta em modos distintos da crítica dessa instauração do defeituoso – torto (*bent*) –, distanciando-se do que é considerado (cor)reto – normal (*straight*). A política de desejo deve ser compreendida mediante a implementação de interstícios no lugar do enunciado, em que o desejo possa surgir como imagem que se concebe no evento (Garcia, 2004).

po *queer*, de Rick Santos (2001), também surge como contribuição para pensar a política de desejo. Diante dessa questão hipotética, o corpo *queer* insere-se no *entre-lugar* – espaço da (inter)subjetividade, que propicia a narrativa do deslocamento contemporâneo.

Observamos os trabalhos de pesquisadores de profunda propriedade conceitual teórica que também adentram o campo conceitual do corpo. Annateresa Fabris, Denise Sant'anna, Guacira Louro, Helena Katz, Jaime Ginsburg, Jurandir Freire Costa, Maria Rita Kehl e Nízia Villaça são nomes relevantes no cenário da universidade brasileira que destacam em suas pesquisas a temática do corpo. No trabalho de Jurandir Freire Costa (1995, p. 40-41), por exemplo, os aspectos do corpo são estudados e distinguidos com base em duas noções singulares, mas que se entrecruzam no objeto:

> A primeira noção faz parte da definição biológica dos organismos humanos. O corpo do sujeito é entendido como um elemento da classe das espécies animais. Suas origens, funções e finalidades são pensadas sobre o modelo de explicação fisicalista. Esta realidade corporal só tem relevância para a imagem moral do sujeito, enquanto causa não-lingüística, inespecífica das alterações da subjetividade. Na segunda noção, o corpo significa "imagem" ou "representação" do corpo, conforme a psicanálise. Neste caso, a realidade corpórea, física, material, é sempre descrita em situações relacionais com caráter valorativo ou normativo. Isto é, quando dizemos que alguém se identifica com a imagem corporal do outro, estamos nos referindo a atributos corpóreos investidos de sentido ético ou estético.

Na citação anterior, a dupla natureza do corpo desdobra-se entre o biológico e o cultural. Vamos nos ater a essa segunda noção, como linguagem que trabalha imagem, representação e subjetividade, muito embora – vale lembrar – as duas proposições apresentadas pelo autor, naturalmente,

1 NOÇÕES DE CORPO   11

não se desvinculem. Essa extensão gerativa, que elabora posicionamento transitivo (alternativo) do ético ou do estético, aponta a topografia que deve estar atrelada à redefinição da representação do corpo perante a cultura.

Nesse conjunto, quem direciona e atualiza os conceitos sobre corpo, inovações tecnológicas digitais e cibercultura são os trabalhos de Christine Mello, Daniela Kutschat, Diana Domingues, Lucia Santaella, Lúcia Leão, Maria Teresa Santoro, Paula Sibilia, Priscila Arantes, Rejane Catoni, Stéphane Malysse e Sterlac.

Chamamos a atenção especial para os trabalhos teóricos de Rosana Rosa (2004), ao refletir sobre o corpo no contexto do cinema e dos estudos culturais; Urbano Nojosa (2005), ao permear as premissas de uma filosofia da imanência/transcendência para um corpo imanente; assim como o de José Cabral Jr. (2004), que parte da noção de arquitetura irreversível para (re)desenhar um corpo irreversível.

Eminentemente, nosso interesse de pesquisa direciona-se à representação do corpo e suas relações afetivas, eróticas, sexuais, culturais e sociais, a partir da negociação de distintas abordagens conceituais com ênfase na produção de sentidos na cultura e na arte, em especial na mídia publicitária. De fato, essa produção conceitual prolifera o pensamento sobre as questões que organizam, ou melhor, que ampliam as perspectivas da representação do corpo contemporâneo na publicidade.

Há, portanto, um recorte enfático para algumas questões. O corpo *queer* (Santos, 2001), por exemplo, deve servir como (inter)mediação entre o ser e o espaço, em que determinadas representações corporais (pulsão, desejo, erótica e gênero) formulam recorrências contemporâneas que deflagram elementos substanciais, (re)configurando os efeitos de sentido. O conceito de *queer* se (re)apropria da natureza transideológica do corpo, visto na condição de um sistema político que revigora a imagem da transgressão e da resistência. Esse corpo que citamos expressa o viés particular de um estilo artístico, por meio de provocações impactantes da imagem, como expressividade contundente que opera na existência de uma situação poética.

De fato, o corpo deve ser considerado mais do que simples função orgânica quando ultrapassa o limite físico/anatômico – como propriedade do ser humano – e reafirma-se, (re)configura como mecanismo permanente da ação por uma política de desejo, conforme apresenta a expressão do corpo *queer*. Um corpo vivo, de ações múltiplas e variadas, inspira, respira, dialoga e propõe assumir a carne como espetáculo ou, ainda, como receptáculo plástico.

A dinâmica conceitual desse enfoque se traduz no diálogo entre áreas diversas do conhecimento: artes, antropologia, comunicação, literatura, biologia, psicanálise, que se desdobram no trato interdisciplinar para uma abordagem convergente das redes de conversações (Maturana, 1997). Assim, esse conjunto de interesses resgata, de acordo com o objetivo da leitura aqui proposta, as reflexões contemporâneas sobre o corpo, em especial no Brasil, tentando ampliar as considerações teóricas abordadas na utilização dos recursos audiovisuais.

Essa expressão enunciativa – corpo – implementa e atualiza a eloqüência de temáticas do debate em diferentes instâncias representacionais. Com os avanços da biotecnologia, a situação enunciativa da linguagem a partir do corpo faz-se pertinente, sobretudo no campo híbrido da cultura, nesse caso a brasileira, em que o corpo emerge de uma condição adaptativa.

A imagem expressiva do corpo contemporâneo, quando da perspectiva no campo da comunicação, enfocada pela cultura das mídias, provoca a emergência de estudos direcionados para a discussão das minorias no Brasil e, assim, justifica a recorrência da enunciação. A situação de (re)configurar a dinâmica midiática, que se (re)apropria das categorias discursivas, interpela o sistema hegemônico ao (sub)verter a noção de corporalidade presente nos (des)locamentos dos sentidos. Ao imbricar corpo e imagem encontramo-nos diante da complexidade da linguagem que comporta a contemporaneidade. O princípio da linguagem, nesta pesquisa, determina as considerações sobre o modo de produção de sentidos, seguindo as considerações de Maturana (1997, p. 221): "Os objetos [o corpo] surgem com a linguagem e não preexistem a ela".

A linguagem implica o domínio de coerências múltiplas do organismo, ou seja, o corpo em sintonia com suas atividades internas (orgânicas) e externas (contextuais). Assim, corpo e linguagem estão (inter)ligados pelas operações que expõem interações consensuais recursivas do objeto corporal e do contexto ambiental. Dito de outra forma, a experiência é a explicação, em que o organismo reage ao contexto. Desse ponto de vista, articula-se a produção de um *saber*, experimentado no procedimento teórico para a construção conceitual da *teoria e política do corpo*.

Agora, a partir das anotações sobre corporalidade, passamos a enumerar alguns aspectos que possam nortear a dimensão de *transcorporalidades*, de acordo com o texto a seguir.

TRANSCORPORALIDADES

Investimos nosso olhar na (des)construção do conceito de *transcorporalidades*, que se destaca como categoria crítica capaz de agregar diferentes possibilidades para pensarmos as manifestações do corpo contemporâneo. Seja na publicidade, na mídia, na arte ou no cotidiano, essas *transcorporalidades* surgem como estados de performance, em que o corpo ressalta suas nuanças poéticas, estéticas, plásticas, que evidenciam a discursividade visual estratégica. Nesse sentido, o corpo emerge sempre em trânsito – deslocamento constante que aponta o movimento estratégico corporal. Portanto, como apreender a imagem corporal? Somente por meio da descrição densa, sem interesse pela análise ou pela interpretação. Uma leitura a partir dessa descrição requer que seja vertiginosa, aberta, sob o efeito de sentidos. Olhar a publicidade com esse procedimento metodológico de descrever os objetos no anúncio.

A noção de *transcorporalidades*, de fato, visa orientar o fluxo da imagem corporal e, ao mesmo tempo, coloca o receptor na condição híbrida de enunciador/enunciatário (remetente/destinatário), sem distinção. Ou seja, na combinação entre emissor e receptor, temos algo a dizer diante da configuração da imagem corpórea comum a todos, pois é a partir dela que lemos os objetos e nos identificamos, ou melhor ainda, que nos reconhecemos como portadores de *transcorporalidades*.

Nesse percurso de diferentes noções sobre o corpo, sua incursão (re)aloca provisoriamente a complexidade da expressão mediadora da linguagem para além da simples materialidade física, anatômica, orgânica. A complexa representação do corpo torna-se cada vez mais flexível, efêmera, provisória, inacabada, parcial. Ou seja, a noção de corpo que tentamos descrever encontra-se disponível na multiplicidade da malha (inter/trans) textual do contemporâneo, na qual elegemos a publicidade como elemento norteador da prática midiática (ver o Capítulo 3).

Ao considerarmos os diversos discursos contemporâneos (representação, experiências e subjetividades), articulados pela (des)construção do corpo, apostamos na instauração de uma escritura que contempla as *transcorporalidades*. Dito de outra forma, a manifestação do corpo, apontada pelas impressões dos autores citados anteriormente, recria situações-textos (unidades de significação imagética), que se (re)articulam em contextos (tempo/espaço), como campo de refiguratização poética, pontuado para além da produção de efeitos de sentidos. As *transcorporalidades* devem estar garantidas no discurso publicitário contemporâneo, uma vez que estrategicamente discurso e imagem devem estar associados como instrumentos de persuasão midiática, conforme observamos no processo de criação/elaboração da mensagem.

Diante do que foi exposto, pensamos que, para o público ver/ler a mensagem publicitária com dinâmica e fluência, a manifestação de corpo na publicidade exige a rearticulação nas redes de conversação, ao agenciar/negociar informações contidas no anúncio. Cumprir essa tarefa de agenciar/negociar pressupõe a presença do corpo como procedimento técnico da publicidade que investe nos dispositivos persuasivos.

Conforme afirma Canevacci (2001, p. 239-240):

> Agora, a troca das mercadorias envolve a troca de imagens e de experiências corporais em um nível qualitativamente diferente em relação ao passado: tudo gira em redor do corpo (...) o próprio ato de troca pode ser descuidado para desenvolver e encorajar consumos e consumações voyeuristas.

Na publicidade, a figuração do corpo deve ser vista/lida como procedimento de repetição que reitera, altera e modifica a presença e suas nuanças, portanto, instauram-se como ícones da contemporaneidade. A identidade corporal, partindo do observador e da identificação com o objeto, realiza-se na constância daquilo que se expõe no ato do visível, como materialidade substancial que se relaciona com o intuito para além do visível. Uma confirmação presentificada por sua expressão.

Determinado eixo pragmático das manifestações contemporâneas do corpo na mídia e na publicidade, entretanto, é conduzido em uma operação poética da performance entre narrativas e afetividades – real e simbólico –, que evidencia nuanças. Ao utilizarem critérios de leitura, o corpo e sua expressão visual colocam-se para além das relações, que substanciam na linguagem algumas referências funcionais e enunciativas do corpo. Assim, observemos as palavras de Nízia Villaça e Fred Góes (1998, p. 13), no livro *Em nome do corpo*:

> As narrativas que banalizam a consciência do corpo se confundem e se misturam. As representações corporais entram em colisão em meio às ordens que buscam esquemas classificatórios aos discriminatórios e aqueles que acionam mecanismos de resistência aos discursos dominantes, fazendo o corpo pulsar movido pelo desejo. Nesse momento de crise, o corpo deixa de funcionar como dado de identidade fixa e natural, lugar de delimitação e referência estável, para tornar-se a expressão da identificação pela mutação e pela performance.

Essa situação de ver/ler o corpo como *expressão da identificação pela mutação e pela performance* remete à categoria discursiva presente na publicidade, visto que se trata de refletir sobre as (inter)subjetividades provenientes da produção de efeitos de sentido, marcada pelo hibridismo (Canclini, 1998). Nesse percurso, mencionamos a competência dos artefatos de efeitos sensoriais (visão, audição, tato, olfato e paladar) redimensionados mediante a manifestação acerca do corpo traduzido como objeto – Homem-Máquina (Machado, 2003; Santaella, 2003, Sibilia, 2002) –, que incorporam aspectos singulares e prolongadores desses sentidos para uma dimensão extra-sensorial: aquilo que somente pode ser captado pelo instigante universo do imaginário.

São mecanismos, ferramentas, peças e utensílios inclinados aos movimentos de sedução do corpo e de sua adjacência – a extensão das proximidades, contigüidades e dos aspectos de contaminação e influência das vizinhanças complementares (McLuhan, 1969). O uso de aparelhos e próteses nas narrativas cinematográficas (Vieira, 2003) também pode ser exemplo contundente para firmar as marcas de um objeto estranho, considerando a relação do corpo e seu fluxo no ambiente citacional (Garcia, 2000b). Assim sendo, a imagem corporal funciona como suporte figurativo do sistema orgânico que se articula em circunstâncias (inter)cambiantes e mostra as arestas de um perímetro evocativo do imaginário perceptivo do observador.

A recorrência estilística de *transcorporalidades* experimenta a força da textura panorâmica do *entre-lugar* no corpo, (re)dimensionado pela visão crítica das imagens expostas no contemporâneo, sobretudo pela mídia. A imaginação surpreende a representação do corpo, sendo este inspirador de uma paisagem enigmática – bocas, braços, cabelos, peles, pés, troncos. A linguagem do corpo declara-se abertamente como "aconchego" aos olhos do observador e desperta, aos interessados, a proposição de um ar erótico no traço pulsante da *poética das alteridades* (Garcia, 2004a).

Os intertextos expressos nas possibilidades de *transcorporalidades* demonstram o jogo poético da adição de diversas considerações sobre o corpo na publicidade, sobretudo para a (des)construção da crítica contemporânea. A elasticidade da intermediação do código corpóreo diante dessa crítica provoca ambigüidades nos vetores dimensionados por diferentes posições. As imagens do corpo organizam-se em um leque de possibilidades que, paradoxalmente, intercalam-se na linguagem visual da arte.

Nessa perspectiva, a diferenciação entre as manifestações socioculturais e as artísticas pode delimitar o campo que este estudo deve percorrer, em especial na reflexão do corpo como categoria discursiva. A complexidade das situações enunciativas que envolvem a arte propõe a (re)leitura das relações sociais; sendo assim, devemos nos ater aqui ao envolvimento do discurso corpóreo na publicidade como atos comunicacionais. A construção de um discurso (corpóreo), neste livro, realiza-se a partir das alteridades conjugadas distantes da lógica formal e intrínsecas a um "novo" tratamento teórico.

Atualmente, a natureza humana cada vez mais se direciona aos rumos da cultura digital. A matéria do corpo e sua ação cognitiva configuram as habilidades dos sentidos humanos propiciadas pelas novas tecnologias, que potencializam a competência orgânica corporal. Citamos, aqui, a expressão do vigor anatômico e muscular dos corpos programados pelos exercícios em academias de ginástica e de musculação, que atingem objetivos visuais desconcertantes, (des)arranjados ou até visualmente (des)proporcionais[5] (Malysse, 2002). Neste estudo, a manifestação do corpo deve ser percebida como estratégia discursiva de agenciamento/negociação da contemporaneidade no campo da refiguratização poética, pontuada para além da produção de efeitos de sentidos na publicidade.

A cultura da mídia coloca o consumo como motivação que eleva o desenvolvimento da sociedade. Nessa tendência, a publicidade apropria-se

---

[5] Cada vez mais, o limiar da tecnologia faz que a plasticidade do corpo seja o ponto primário da expressão da imagem do objeto contemporâneo. Os excluídos pela ação social desse modismo exacerbado e impregnado pela imagem corpórea são: os "gordinhos", os "baixinhos", os não-loiros, ou seja, a hegemonia canônica da ditadura do corpo condiciona o privilégio para o artifício e prima pela alteração da massa corporal por silicones, próteses, cirurgias plásticas, tratamentos hormonais, entre outros paliativos estéticos da beleza humana massificada.

do discurso estratégico do mercado, em que a imagem do corpo surge como fator primordial na composição do enunciado para agregar valor. A publicidade, de fato, legitima a utilização do visual corpóreo e de sua (trans)versatilidade representacional para suplementar a informação, veiculação e venda de produto. O tema corpo entrelaça-se ao universo do consumo e dinamiza os interesses do mercado, muito embora a representação do corpo na linguagem deva ser vista/lida diante da articulação de um objeto simbiótico, distanciando-se da leitura cristalizada/fechada. A lógica para pensar a noção de corpo, neste estudo, deve ser considerada como instrumento estratégico da enunciação contemporânea. Em outras palavras, o corpo na publicidade e na mídia está para além da premissa estrutural/mercadológica.

O impacto das informações agudas e tensas distribuídas na cena contemporânea concebe a condição *sine qua non* que amplia a convocação do grotesco (como determinadas androginias) –, expelindo com exagero provocações da exibição e da experimentação da carne, como espetáculo poeticamente visualizado. "O grotesco parece ser, até o momento, a categoria estética mais apropriada para a apreensão desse *ethos* escatológico da cultura de massa nacional" (Sodré, 1992, p. 38). São estímulos, dicas, pistas, sugestões, perguntas ou respostas que povoam o olhar superficializado pelo público massificado.

As citações imagéticas dos corpos quase (des)carnados produzem derramamentos de sentidos como pronunciamento da diferença – o estranho que se faz no iluminar da diferença. O corpo está longe de se dimensionar no gênero, pois sua pluralidade abarca a necessidade da cena e não reduz jamais seu ideal de ação e revigoramento potencial de identidade social: marca em que a configuração do gênero binário de oposição denomina as ambigüidades entre masculino e feminino (homem e mulher).

A espetacularização que constitui a mídia contemporânea elimina a distância entre produto publicitário e corpo como dispositivo/suporte de mensagens. Conforme as considerações expostas como estratégia discursiva, a noção de imagem corpórea elege o espaço da implementação de sentidos de gênero, identidade, desejo e erótica. Essa produção de imagem demonstra a cooperação entre categorias discursivas que descrevem o lugar do enunciado como interstícios da dinâmica do *entre-lugar* – espaço de (inter)subjetividades. Assim, a contextualização dessa imagem pesquisada faz-se presente também, pela argumentação de Canclini (1998) e Alberto Moreiras (2001) como movimento híbrido.

A temática "corpo" estende-se até a noção de materialidade e, como tal, pode estender-se à imagem, em sua configuração visual. Diante deste pressuposto, a reflexão que tecemos, aqui, suplementa-se na composição discursiva do trabalho crítico que desenvolvemos sobre a imagem do corpo e a publicidade.

Convidamos o leitor, portanto, a relacionar a produção de imagens que apresentamos mediante a cultura midiática, advertindo que desejamos explorar criticamente essa manifestação corpórea como vertente contemporânea. O lugar do corpo dissolve-se, conduzindo-o à transitoriedade como das *transcorporalidades*. Desse ponto de vista, as diferentes noções de corpo produzem desafios que arriscam realizar interpelações enunciativas. Essas (inter)mediações recorrentes promovem o estado de corporalidades adjacentes, que tentamos aplicar neste estudo.

Se o conceito de corpo, aqui, pode ser pensado como contraponto a inúmeros posicionamentos teóricos que incluem, debatem e diversificam os modos de intermediação ao longo dos avanços da cultura tecnológica contemporânea, gostaríamos de reafirmar alguns fatores que utilizamos na realização deste debate crítico. São as três premissas: os deslocamentos, as provocações e as passagens. Em síntese, essas premissas sustentam os pilares conceituais das *transcorporalidades*, tratados empiricamente em um investimento da observação sobre os objetos que abordam *corpo, mídia* e *representação*. Ainda que seja apenas indicada, registramos que a cartografia conceitual dessas premissas faz parte do mapa teórico/metodológico desta pesquisa.

1ª Premissa – *Deslocamentos*

A possibilidade de pensar os deslocamentos físicos do corpo, apreendidos pelos mecanismos técnicos da fotografia, do vídeo, do grafismo e do computador, aponta para os procedimentos de formação da imagem contemporânea como recorrência estética do figural. Ao buscarmos, literalmente, os rastros de um corpo a partir de sua imagem, tentamos observar os vestígios de *transcorporalidades*, promovendo o deslocamento material desse objeto e sua descrição sincrética.

Essa condição adaptativa de desdobramentos plásticos faz emergir, automaticamente, a (des)construção de sentidos. Interessa-nos abordar, de fato, os efeitos de sentido. Nesse viés, surgem as condensações associadas aos deslocamentos. Em outras palavras, os deslocamentos incessantes inscrevem a desregulamentação e dissolução do ambiente e da manifestação corporal.

O trânsito que compreende esse corpo em movimento (inter)cambia a apreensão dessa imagem, ao ser traduzido como efeito técnico para implementar o discurso da publicidade. Nessa constante, o deslizamento do corpo assina seu *entre-lugar*.

2ª Premissa – *Provocações*

As provocações demonstram as habilidades de uma coexistência estratégica e apontam o corpo como objeto de articulações discursivas – política, ideológica. A exibição de temas corpóreos propõe ao público reflexões e/ou desafios que operacionalizam por meio de um conjunto de cargas afetivas. Na publicidade não é diferente!

Esse corpo que citamos expressa o viés particular de um estilo artístico/estético, por meio de provocações impactantes da imagem: uma expressividade contundente, obtusa, que aciona as possibilidades da situação poética na publicidade. O impacto de uma informação midiática, utilizando o corpo, desenha a fluidez da surpresa, do inesperado.

Para acompanhar o ritmo dessas transversalidades corpóreas, elege-se a noção de tempo como prática cada vez mais dissolvente entre o ser e o estar. Como conseqüência dessas ações, a necessidade imposta pela urgência de um tempo imediato na publicidade redimensiona o corpo figural.

3ª Premissa - *Passagens*

Ao atravessar as passagens que um corpo contemporâneo enuncia, em particular na publicidade, surge a possibilidade de remetê-lo a algumas combinatórias entre matéria e substância. A materialidade, aqui, confirma a natureza MAIS QUE COMPOSTA do objeto corporal. Essa alteração do lugar do corpo (inter/trans)textual evidencia os reinvestimentos socioculturais e artísticos na dinâmica corpórea/discursiva de um ato midiático.

Com um sistema complexo, a expressão corporal contemporânea coloca-se como um amplificador de atuações dissolventes, em que a materialidade se desfaz. Ao esvaziar a noção de corpo, a própria (des)construção desse objeto esgota-se por sua imaterialidade e sua artificialidade presentificadas nas alterações e adulterações. Observa-se, assim, o estado de imanência instaurado por passagens sincréticas e polifônicas.

Essas passagens, na verdade, promovem os tecidos que agenciam/ negociam a representação do corpo e sua veiculação no âmbito das mediações publicitárias. O fluxo que as passagens condicionam possibilita o coabitar tanto dos deslocamentos quanto das provocações.

A partir dessas premissas expostas, a imagem do corpo na cultura contemporânea deve ser alvo de pesquisas que enunciam ampliações de diferentes (re)significações. O corpo como enfoque temático, deste trabalho, aborda um dispositivo lógico e polissêmico: considerando-se diversos discursos articulados na construção conceitual de uma *teoria e política do corpo*.

Nesse trânsito, julgamos conveniente promover a construção do conceito de *transcorporalidades*, a fim de instaurar a criação de novas e plurais identidades sociais na disposição dos enunciados contemporâneos, incluindo o publicitário. Admitimos que corpo, imagem e cultura entrelaçam-se e assumem as práticas tecnológicas, sobretudo na mídia (Garcia, 2003), que explora a sensibilidade do corpo para persuadir o consumidor e conquistar lucros no mercado, com os recursos estimulantes da publicidade.

As marcas da cultura atual potencializam o olhar sobre o corpo e sobre a ditadura da "boa forma". Como exercício empírico da tentativa de adentrar, de modo crítico, a cultura do consumo, o corpo no contemporâneo demonstra sua força material, uma vez que a pedagogia dessa "boa forma" se encontra em alta no mercado de bens e de serviços. Arriscamos afirmar também que o corpo parece ser o foco determinante para instaurar a identidade cultural pós-moderna, seja a partir das ultrapassadas classificações de gênero, classe social ou faixa etária ou, até mesmo, a partir das "novas/outras" condições adaptativas intermediadas pela mídia. Assim, estilo de vida e atitude inscrevem-se no contemporâneo como traço absorvido e representado pelos postulados idiossincráticos do corpo.

  A sociedade, cada vez mais, interessa-se pelas mediações que contemplam o consumo exacerbado da preparação do corpo na tentativa de retardar o envelhecimento corporal com cirurgias plásticas, implantes de silicones, tratamentos estéticos para pele, cabelos e rosto, além dos exercícios em parques e em academias de ginástica e musculação. Essa preparação do corpo refaz a lógica do corpo "perfeito" em uma perspectiva enraizada na ordem do artifício cuja lógica promove o deslocamento da imagem corporal. A ciência — particularmente a engenharia genética, a nanotecnologia e a biotecnologia — tenta avançar em seus esforços técnicos para promover o desenvolvimento de questões complexas como a clonagem, a célula-tronco e o reconhecimento do DNA. Entre esses esforços, insere-se a tentativa de remodelar a tonicidade do corpo esbelto, seja em sobrepeso ou em obesidade.

Talvez esse seja o grande diferencial ao qual não nos atemos muito: sobrepeso e obesidade. Duas proposições distintas que diferenciam bastante a relação do corpo com o espaço e com o mundo. O sobrepeso é um estado que alerta a possibilidade de qualquer sujeito estar acima do peso considerado pela medicina e pela sociedade como peso "ideal". No entanto, a leitura equaciona rapidamente um estado híbrido de elevar as qualidades do sobrepeso para obesidade. Essa última inscreve-se como marca de excesso no/do corpo, suficiente para que qualquer um compreenda a relação entre peso e medida do corpo humano. Entretanto, é possível avaliar, verificar e constatar que há um peso "ideal" e você, leitor, por exemplo, pode estar indiferente a isso? Será que vivenciamos as armadilhas da ciência e da mídia e as aceitamos, sem sequer nos questionarmos a respeito?

Na sociedade, admite-se todo o tempo que corpos bem-construídos, com proporções equilibradas, devem ser obtidos por meio de muito esforço e objetividade. Essas anotações de aperfeiçoamentos técnicos do *body building* (corpo esculpido na academia) servem de base para ampliar o debate crítico acerca da perspectiva desse corpo "ideal" na cultura contemporânea, divulgado pelo campo da comunicação, em especial da imagem publicitária.

A aparência decorrente dos exercícios de musculação nas academias de ginástica passa por um processo de sustentação da imagem corporal de determinados "malhadores", estabelecendo o comprometimento, às vezes obsessivos, que tentam ajustar-se corporalmente – para não dizer socialmente. Os adeptos dessa religiosidade em função do corpo formam seus músculos avantajados, que podem até se tornar desproporcionais ao próprio físico, usando a argumentação da "pseudogeração saúde". Os resultados dos exercícios de academia, inevitavelmente, só podem chegar ao artifício da imagem corporal, uma vez que o corpo construído pelos aparelhos (re)vela deslocamentos incessantes.

Com efeito, não se trata de pensar no realinhamento proveitoso do hedonismo como prática do prazer individual e imediato, que inscreve o sujeito na cultura contemporânea, nem de fazer claudicar as estratégias discursivas sobre o corpo. Trata-se, sim, de observar criticamente o fisiculturismo em uma aparência (ultra/hiper)corpórea desgastada.

Atualmente, testemunha-se uma série de experimentações de artifícios díspares que se ressaltam como tarefas "comuns" do cotidiano: do *botox* aos exercícios na academia de ginástica. As pessoas mudam de sexo, realizam cirurgias plásticas de correção e de emagrecimento, aumentam os músculos, o pênis e os seios, alteram a cor da pele e dos cabelos, utilizam cremes e maquiagem, programam robôs, computadores e aparelhos domésticos, introduzem *chips* no organismo. A conservação do corpo tenta demarcar um "ideal" de beleza e de juventude com valores fundamentais para as relações sociais contemporâneas.

Corpo (inter/trans)textual que sofre retoques, reparos, modificações e deixa de ser um corpo humano para abrigar outra morada. Enfim, (trans/de)formam o corpo em objeto visual elástico que, ao ser manipulado pela engenharia genética e a biotecnologia, (re)condiciona agentes operacionais de argumentos discursivos. De acordo com Castro (2003, p. 15):

> Culto ao corpo está sendo entendido aqui como um tipo de relação dos indivíduos com seus corpos que tem como preocupação básica o seu modelamento, a fim de aproximá-lo o máximo possível do padrão de beleza estabelecido. De modo geral, o culto ao corpo

> envolve não só a prática de atividade física, mas também as dietas, as cirurgias plásticas, o uso de produtos cosméticos, enfim, tudo que responda à preocupação de se ter um corpo bonito e/ou saudável.

Atualmente, o culto ao corpo inscreve basicamente duas formas distintas de tratamento: a medicina e a ginástica. Ambas tratam o corpo biológico para permitir a implementação visual que agrade o seu próprio dono, contudo, esses tratamentos elaboram uma série de inquietações que propicia as mais diversas incursões. Cuidar da imagem corporal implica regular sua sociabilidade cujos efeitos e fórmulas são extremamente relacionados ao padrão cultural imposto pela veiculação massiva (e globalizada) da mídia. Quem ganha muito com isso é o mercado, distribuído entre a mídia, a indústria da beleza e da moda. Os modelos de manequim, que a sociedade segue, ditam as diretrizes da dieta, da cirurgia plástica, do exercício físico. Longe de pensar nos atributos da morte e para querer saudar a vida, na verdade, cultuar o corpo é cultivar a vivacidade da carne.

A morte, nesse contexto, funciona como uma imagem distante para a cultura contemporânea. A mensagem publicitária eleva as qualidades que vivificam o cotidiano do corpo com passeio, caminhada, ginástica. A tônica de acelerar a experiência humana parece reajustar a felicidade – tudo para esquecer a morte. Cultuar o corpo implica ressignificar o direito à vida. Assim, os cultuadores do corpo tentam, paulatinamente, prolongar a linha do tempo na intenção de apagar a idéia da morte. Os verbos "falecer" ou "morrer" parecem não fazer parte da publicidade nem do processo existencial do corpo, uma vez que permanentemente o culto ao corpo delibera a energia pulsante para usufruir dos prazeres da vida. Negar a possibilidade da morte tem sido um desafio constante nas práticas culturais que glorificam o corpo. E olha que esse último está em alta!

Para pensar o culto ao corpo é preciso (re)velar um pouco mais de perto as nuanças materiais desse contexto, apontado de forma estereotipada como intermediação de um discurso sociocultural entre sujeitos.

Sociabilizar as relações a partir do corpo parece ser uma novidade mais presente na superfície dos discursos. O corpo, portanto, emerge como mecanismo lingüístico que pondera sua forma em um tecido enunciativo; ele deixa de ser mero objeto orgânico para transformar-se em linguagem, que enuncia e agrega valores socioculturais. Segundo Codo e Senne (1985, p. 70):

> Toda construção teórico-metodológica da corpolatria se baseia em um truísmo: cada olhar, cada gesto, cada palavra humana traz implícita a sexualidade, mas a despeito disso continuamos a buscar o prazer narcisicamente. Urge acrescentar que a sexualidade só se encontra consigo mesma exatamente em cada olhar, cada gesto, cada palavra, ou seja, é no outro, na sociabilidade, na história que o tão almejado prazer está e lá deve ser buscado.

As relações afetivas do corpo consigo mesmo e com o outro inscrevem e produzem os caminhos da imagem corporal. O suporte – corpo – equaciona-se pela aparência que se veicula como efeito comunicacional: brincos, tatuagens, *piercings*, vestuário são implementos dessa discursividade estratégica. Aparência que não penetra a imagem do corpo, pois cadencia na superfície. Da mesa cirúrgica ao exercício da academia e à exibição exacerbada do corpo tratado, a vivência desse corpo pontua-se, também, pelo dinamismo de exibição narcísica, pelas relações pessoais inerentes à sua sociabilização, pelo mercado segmentado e explícito do consumo.

Os medicamentos inibidores de apetite, indicados pelos médicos e pelas clínicas de tratamento de beleza, além de variados, são muitos e somam-se aos psicotrópicos (antidepressivos, estimulantes, tranqüilizantes). Neles, há grande esforço da busca pela "boa forma". Todo esse esforço é uma falsa promessa de tentar garantir a salvação do corpo "perfeito". Mas caso essas drogas ingeridas e injetadas no corpo não obtenham resultados adequados, elas provocam diferentes reações fisiológicas tanto de disfunções neurológicas, impotência sexual, quanto desagradáveis efeitos colaterais. Os sintomas ineficientes retardam o desenvolvimento do corpo em razão da química que visa acelerar o processo de emagrecimento. Entre a cura e a abertura para os problemas de saúde, citamos como exemplos a bulimia e a anorexia, que são distúrbios provenientes da tensão dietética decorrente dessa preocupação com a imagem corporal.

Assim, parece haver um ruído na comunicação quando se afirma: corpo fraco é corpo doente. Quando algo sai errado no contexto do mercado e do fetiche, os resultados não são bem-sucedidos e as diretrizes da imagem corporal se equacionam em descumprimento da norma midiática. Em outras palavras, a promessa de um corpo "perfeito" está para além desses medicamentos, pois espera-se que tudo isso se torne provisório em um contínuo movimento de busca pela felicidade.

Nesse movimento, o orgânico entra nas tabelas dos alimentos *diet* e *light*, que também fazem parte da indústria do embelezamento. Os componentes alimentares são fórmulas químicas e alternativas que visam projetar o corpo por meio de alimentos complementares e balanceamentos de carboidratos, calorias, proteínas etc. Longe dos alimentos gordurosos, a comida saudável pressupõe um imperativo nessa jornada a favor do corpo "perfeito". Esses olhares para uma preparação atenta do corpo na cultura contemporânea tornam-se a vitamina necessária para atender ao chamado midiático da espetacularização.

Como quem subverte e transgride o sistema dominante da cultura, as metamorfoses, estendidas pelo desejo da antropomorfia (mudança físico-anatômica), são processos de mutações corporais que se (re)apropriam de subterfúgios biotecnológicos para capacitar melhor as (trans/de)formações em grandes efeitos artificiais, superficiais, plásticos, estéticos.

Do ponto de vista teórico e político, transgressão e (sub)versão fecundam-se, sustentam esses fatores circunstanciais do corpo, na medida em que o objeto corpóreo não corresponde, exclusivamente, ao chamado da mídia. Conceitualmente, um discurso transgressivo ultrapassa as considerações de um sistema hegemônico (dominante), isto é, está para além do limite imposto/permitido. Já a (sub)versão (re)apropria-se da lógica desse sistema para garantir seus resultados, ou seja, é dentro do próprio discurso sistêmico que se operacionaliza a imagem do corpo como fio condutor subversivo. Transgressão e (sub)versão, portanto, legitimam a construção conceitual de *transcorporalidades*, já que o trânsito dessas narrativas contemporâneas situa o corpo em um espaço midiático fronteiriço. Um território de agenciamento/negociação em que a publicidade também está presente.

O desdobramento desse panorama de circunstâncias sociais contemporâneas destaca a passagem que prepara um corpo dito "passivo" a uma dimensão mais interativa, mais atuante. Assim, as considerações sobre a linguagem do corpo na história da humanidade elencam pesquisas de extensas anotações. Dos modelos de beleza plástica que a mídia circunda, as mudanças do corpo perpassam diversos enunciados conceituais. De acordo com Le Breton (2003, p. 47):

> A cirurgia estética é uma medicina destinada a clientes que não estão doentes, mas que querem mudar sua aparência e modificar, dessa maneira, sua identidade, provocar uma reviravolta em sua relação com o mundo, não se dando um tempo para se transformar, porém recorrendo a uma operação simbólica imediata que modifica uma característica do corpo percebida como obstáculo à metamorfose. Medicina pós-moderna por excelência – por sua preocupação de retificação pura do corpo –, baseia-se em uma fantasia de domínio de si do cliente e na urgência do resultado.

Essa preocupação com a transformação física imediata faz da cirurgia estética um mecanismo alquímico capaz de (re)projetar as diretrizes corpóreas ao realizar intervenções radicais na aparência do sujeito. Embora esse corpo não apresente dados patológicos, existe a extrema preocupação por mudanças. O problema parece estar na indicação de uma antropomorfia acelerada, pois todos querem o emagrecimento ou a tonificação dos músculos logo, de imediato. Sem a instância temporal, a prática de modificar (remodelar, esculturar) o corpo na mesa de cirurgia, por exemplo, pode ser uma atividade que contenha risco, pois o perigo da não-adaptação às mudanças são muitos.

Muda-se a aparência, mas efetivamente não se muda a personalidade, e este é um grave problema. A identidade cultural pós-moderna deve ser disposta para além da mera realidade aparente, legitimada pelo corpo. O exercício de (trans/de)formação cirúrgica exalta uma dinâmica capaz de diagnosticar os "quereres" de um corpo. Se a cirurgia estética serve para romper com a existência física (material), a vetorização de uma "nova/outra" imagem corpórea pressupõe uma modificação apenas externa, uma incidência de artefatos discursivos.

No contemporâneo, corpo e cultura dilatam a percepção humana em um espiral de infinita predisposição de dúvidas e incertezas. São aberturas enfáticas daquilo que não está, estritamente, contido na relação objeto/contexto, mas se assumem como interstícios traçados por intervalos, hiatos, lacunas, *gaps*, vácuos, brechas, fendas. Esses interstícios contingentes (dentro/fora, interno/externo, intrínseco/extrínseco), que contaminam o ambiente em interfaces plurais, acionam uma dimensão peculiar do *entre-lugar* – espaço de (inter)subjetividades cuja faceta tecnológica na cultura contemporânea fragmenta a indecidibilidade dos enunciados (Bhabha, 1998). Em poucas palavras, essas aberturas provocam a possibilidade de refletir as nuances do corpo e sua expressão imagética, sobretudo na condição adaptativa da publicidade. Um corpo, paulatinamente, aberto!

Além disso, as condições socioculturais contemporâneas permitem (re)pensar, estrategicamente, o corpo como instrumento poético de uma atividade performática espetacularizada (ver o Capítulo 7), que o exibe como troféu, conquista, portanto, desejo. A dimensão do corpo, no entanto, surge como objeto midiático, ou seja, meio de comunicação que traz consigo elementos de reflexão e de leitura, articulando a discursividade pontual, em especial na publicidade.

Nesse contexto, a noção de corpo surge como mídia primária na cultura contemporânea, em uma articulação de estratégias discursivas, utilizando-se como dispositivo sua materialidade da comunicação – a imagem. Isso implica a inscrição do corpo como primeiro meio de comunicação do homem em seu processo de (des)construção cultural, perpassando diferentes movimentos transicionais de tempo–espaço. Do corpo para o mundo, do interno para o externo. É nessa mediação entre o dentro e o fora que a comunicação se fará compreender.

Na história do homem e da ciência, nunca se pensou tanto na manifestação do corpo, especialmente diante da influência da materialidade, da técnica, da tecnologia e das novas mídias digitais. Atualmente, as ciências humanas esforçam-se para ampliar os estudos sobre o corpo e sua (re)contextualização sociocultural. No campo da comunicação, em especial, a mensagem contingencial do corpo transmite e evoca a corporalidade da imagem na precedência do inteligível, presencial. Presentificar-se por meio do corpo é a maneira de atuar como objeto concreto na cena, com o sentido de personificação epistêmica. A escritura ontológica do corpo dispõe de uma materialidade plausível, ainda que não se limite o estabelecimento preciso de sua esfera representacional.

A materialidade do corpo é a materialidade informacional da cultura e do sujeito, ao valorizar a predisposição material de uma qualidade sintagmática alterada. Os materiais corporais contribuem, na sua expressão visual, com o desenvolvimento da reflexão crítica cujas constantes exterioridade, mediação e corporalidade equacionam a noção de *transcorporalidades* (ver o Capítulo 1). Materialidade é a forma corpórea de estar no mundo, sobretudo mediante essas constantes exterioridade, mediação e corporalidade.

Segundo Francisco Camargo e Tânia Hoff (2002), o corpo é uma caixa complexa de informações, que contém diferentes saberes a respeito do homem e do mundo. Assim, consideramos as *transcorporalidades* circunstâncias pontuais para avaliar as experiências dessa caixa de surpresas e estranhamentos. Não é de estranhar a inscrição no Oráculo de Delfos, *conhece-te a ti mesmo*: o corpo é um microcosmo a ser desvelado também na instância que se contexualiza como contraponto dialético – o macrocosmo – e por isso busca-se o (des)conhecido, o inefável. O que acontece quando se abre esta caixa complexa? O que e como escolher/selecionar para investigar? De acordo com Camargo e Hoff (2002, p. 26-27):

> O corpo veiculado nos meios de comunicação de massa não é o corpo de natureza, nem exatamente o de cultura na sua dimensão de expressão de corpo humano: é imagem, texto não-verbal que representa um ideal. É o que denominamos corpo-mídia: construído na mídia para significar e ganhar significados nas relações midiáticas.

A citação anterior transversaliza a capacidade de um corpo intersubjetivo em uma bifurcação sistêmica entre natureza e cultura (natural/artificial), com o propósito de adequar a localização do corpo ideal instaurado pelas relações midiáticas. É nesse entrelaçar oblíquo e contínuo de natureza e cultura que o corpo contemporâneo se depara para acompanhar a máxima digital das novas tecnologias. Diante desse conjunto de informações biológicas e socioculturais, distribui-se um mapeamento significativo de dados/fatos vigorosos sobre a noção de corpo, que revelam intersubjetividades discursivas da imagem corpórea. Em síntese, os possíveis artifícios enunciados nessa dimensão de *corpo-mídia* investem nos traços predominantemente universais, que simulam a idealização de corpo para a comunicação de massa. Um corpo ressaltado de plasticidade, mas comum, para todos!

As alterações/adulterações da imagem corporal criam, socialmente, a percepção "perdida" de corpo como um objeto de desejo do público, investido de significados duvidosos, pois objetiva vetorizar os produtos divulgados pela publicidade. Esse deslocamento do olhar imbrica e, ao mesmo tempo, fragmenta corpo/produto/objeto, enquanto conduta "perdida" do espectador, ao tornar-se (re)configuração de indecidibilidades contemporâneas, enunciada por Bhabha (1998) como *entre-lugar*. Juntar corpo/produto/objeto implica misturar suas coordenadas discursivas, em que o biológico e o sociocultural se (trans)formam em diferenças e atribuem os significados dessa lógica corporal distorcida. As distorções estão distantes de uma proposição de alteridade individual do corpo, que visa ser complementada pela ordem do imaginário do consumidor como terreno fértil de possibilidades.

Na esfera dos estudos da comunicação social, em especial a imagem, considera-se uma linha histórica que pontua, ao longo do tempo (diacrônico), a manifestação discursiva do homem e sua referencialidade mediante a expressão corpórea (sincrônica) em diferentes vertentes, com as mais diversas ênfases em cada período. Diacronia e sincronia, estruturalmente, formam um eixo de localização tempo-espaço desse corpo. Retomando, o conceito de corpo na mídia extrapola a potencialidade plástica para uma indicação do humano, como auto-identificação mapeada pela convergência de dados que contextualizam em um ambiente, ou seja, na dimensão tempo–espaço.

Ao traçar este tópico sobre o corpo e a cultura contemporânea, tentamos organizar o diálogo entre arte, comunicação, representação e publicidade cujo contexto agencia/negocia as condições adaptativas dessa noção de corpo realocada entre dispositivo e tema. Assim, *corpo, mídia* e *representação* estão de tal modo entrelaçados, atualmente, que é possível pensar em um conjunto (inter/trans)textual sob as "novas/outras" formas e conteúdos, em que a imagem corporal assume suas predicações no fluxo da mídia e, conseqüentemente, da sociedade contemporânea.

Essas predicações entrelaçam corpo e cultura contemporânea, vistos/lidos como expressão contundente em uma área (inter/trans)disciplinar. As imagens contemporâneas contemplam o corpo como dimensões de diferentes instâncias da cultura e do seu valor de mercado cuja nova ordem dos objetos parece indagar acerca das possibilidades de (re)significações simbólicas para a manifestação corpórea – matéria e substância (ver o Capítulo 1). Arte, mercado e publicidade convergem para os efeitos capitais da economia, que ditam as diretrizes sociopolítico-culturais.

O objeto corpóreo constitui-se como órgão aglutinador e mediador de informações, produzindo a (re)significação de dados na ordem da expressão (inter)comunicacional na experiência humana. Ao enunciar determinado campo de ação, como recorte corporal, temos a impressão de que os fragmentos de um anúncio publicitário remetem à superficialidade extrema da fisicalidade tardia do corpo, em que interior e exterior são desdobrados. A relação que distingue interior e exterior faz-se na constante tensão ultrapassada entre corpo e mente ou matéria e espírito.

Assim, discutir a representação do corpo requer a criação de novas e plurais identidades sociais, conforme indicado anteriormente. Conseqüentemente, refletir sobre esse corpo alterado seria buscar ampliações para a experiência do observador, emergindo uma atitude crítica em relação aos modos formais cristalizados na noção conceitual do corpo e seus aportes de significação. Na medida em que certas alternâncias são revisitadas como reinscrição/revisão de diferentes graus de possibilidades das atividades corpóreas, essa espetacularização visual *em evidência* amplia a esfera explícita do objeto.

No campo da arte contemporânea, os parâmetros são contundentes e bem mais abertos. Observamos grande número de artistas interessados em registrar o corpo como tema de suas experimentações e incursões conceituais tanto em fotografias, filmes, esculturas e pinturas quanto em instalações e performances. A radicalidade dos artistas que tentam estender ao limite máximo a potencialidade física e representacional do corpo como as cirurgias estéticas performáticas da francesa Orlan e os adventos de próteses tecnológicas de Sterlac, a fotografia paródica e deslocada de Cindy Sherman ou ainda o (re)modelamento de Matthew Barney, os cadáveres do anatomista Günter von Hagens e o corpo digitalizado do projeto Voxel Man (Santoro, 2004). Há uma efervescente combinatória de procedimentos poéticos (no fazer-saber) dos artistas contemporâneos que visam ultrapassar a primeira idéia datada, da *body art*, dos anos 1960/1970, para persuadir o público com suas inquietações que se transpõem em novidades de uma arte mais carnal e tecnológica.

Para exemplificar as anotações deste capítulo, consideramos interessante a leitura crítica do cartaz publicitário da exposição inglesa *Corpos Espetaculares* (Hayward Gallery,[1] Londres, 2000).

ALEGORIA ESPETACULAR

As alteridades das representações do corpo espetacularizado – tema central da exposição *Corpos Espetaculares* – agregam as ambigüidades presentes na cena da arte contemporânea, pois gera o apagamento das fronteiras no imaginário do espectador/observador, que busca trabalhar uma leitura crítica sobre *corpo, mídia* e *representação*. Esse corpo espetacularizado serve como possibilidade de mostrar mais que a carne publicamente. Nesse veio, ele está exposto exatamente para ser exibido, portanto, admirado, adorado, venerado.

Neste tópico, discorremos sobre a representação do corpo na arte contemporânea como articulação de estratégias discursivas da publicidade, utilizando a imagem do cartaz da exposição *Corpos Espetaculares*. Com isso, o corpo parece ser tema atual para discussão em diferentes instâncias representacionais, pois observamos nesse projeto expositivo a exibição da representação do corpo humano na arte ao longo da história. Um delicioso delírio exagerado de informações fluviais e cambiantes manifesta-se entre posicionamento de ações contundentes. Esse traço que acumula informações

---

[1] Antes de *Corpos Espetaculares*, aconteceu na Hayward Gallery outra provocante exposição britânica intitulada *Sensation* cujo objetivo também desafiava a natureza da representação corporal na arte.

manifesta-se na figura do excesso e pode personificar a vivacidade da experiência corporal entre o ser e o objeto em cena, como subjetividade da expressão da carne.

Essa comunhão entre arte e publicidade eleva a qualidade conceitual e plástica do anúncio como (re)configuração midiática. Mais uma vez retomamos a complexidade da representação corporal que se faz no *entre-campo*, estabelecido agora na relação corpo e observador. A astúcia da expressão corpórea dialoga como elo contingente do olhar do espectador. Temos aí a exibição dos corpos em cena que são elementos traçados na metáfora da linguagem, em um erótico exercício do olhar para além do *voyeur*. Contudo, a noção de sentidos incorpora a concepção poética de alteridades, que se faz presente a partir da necessidade da exibição do corpo observado.

No exercício epistemológico fecundado em laboratório, seria a arte contemporânea, em contraponto ao corpo humano, lugar possível para testar novas possibilidades? Como criar os enlaces que dinamizam a trajetória conceitual da denominação de elo temático arte e corporalidade? Quais aspectos podem determinar os traços de uma arte contemporânea mediada pelo corpo? Como refletir essas questões anteriores no exercício da mídia ou da publicidade?

Talvez, o estatuto da arte contemporânea já não possa mais ponderar sobre o estatuto da estética nem mesmo da linguagem ou da comunicação. A representação, portanto, convoca no *metanível* de sua linguagem, pois na especificidade peculiar da representação faz-se a metalinguagem quando se apropria de sua condição de (re)presentificar. Assim, como pensar o estatuto da representação do corpo, enquanto vertente que inaugura um sistema incólume (ileso, livre de perigo)? Poderia ser um *metacorpo* o lugar de desmembramento das fixações psicológicas: perceptivas, cognitivas e sensoriais (afetivas e sexuais)?

As armadilhas podem ser observadas como produto no cartaz da exposição na Hayward Gallery aqui estudada. Ele foi produzido em um processo de fusão digital, a partir do conjunto da obra do italiano Clemente Susini[2] de 1804. O cartaz chama muito a atenção do público pela visualidade de sua ousadia carnal. Eminentemente, há um processo de (inter)textualizações de dados imagéticos que incorporam corpo, arte e publicidade em uma dinâmica efervescente, que desperta imediatamente o interesse do observador. Com isso torna-se necessário utilizarmos alguns operadores culturais de leitura para argüir sobre o objeto em questão.

Tomemos a descrição densa como argumento metodológico para tratar dessa imagem. Esse observador precisa deslizar o olhar sobre as camadas da imagem do modelo/personagem em um recorte de uma montagem fotográfica (em plano americano, como se diz na linguagem cinematográfica), com efeitos digitais: em pé, um rapaz magro, porém vigoroso, que se constitui em uma ação corporal ambígua, entre vestir-se e despir-se diante da câmera, ao mesmo tempo. Realmente há um primeiro enigma ante a ação do modelo/personagem, pois não sabemos ao certo se ele está se vestindo ou se despindo. Sugerimos que cada observador deva incluir sua carga afetiva de experiência, emoção, subjetividade e erótica para adentrar o procedimento parcial da percepção localizada no campo da imagem.

Portanto, seria necessário (des)vincular essas camadas que se apresentam sobrepostas paralelamente, ou seja, a camisa azul e a calça *jeans*, como primeiro figurino, revestem a pele, excessivamente rosada. E, em determinada parte superior do corpo, simula a carne crua. Contudo, ressurgem aos nossos olhos alguns ossos da costela além de concomitantemente despojar as vísceras. O tecido da roupa mistura-se em contraste aos tecidos do corpo em uma simbiose abrupta: não mais percebemos as etapas/camadas. Não mais determinamos a imagem do cartaz publicitário, uma vez instaurados o procedimento pelo contorno do olhar do observador e a manifestação do objeto (o corpo). Embora fique delineado o conteúdo dos intertextos configurados em cena nesse prolongamento representacional,

---

[2] Divulgado no jornal *Folha de S.Paulo*, 3 jan. 2000.

parece oportuno verificarmos o desempenho do percurso apresentando a extravagância visual nos moldes da espetacularização cenográfica – a própria performance: a execução de um ato no desdobramento do acontecimento/evento – *happening*.

As marcas da ironia, como reforço transideológico, estão também presentes e se caracterizam nas pinceladas dos argumentos visuais – audácia comprometedora. As articulações de estratégias discursivas exploram as complexidades textuais das condições do objeto pesquisado. Algo que se salienta para além do universo permitido – espaço irônico do dito/não dito, mas demonstrado (Hutcheon, 2000). A fragmentação entre velar e revelar simultaneamente. Ironicamente, essa imagem parece questionar a ausência de dor, pois isso poderia ser observado no rosto do modelo/personagem, inalterada de tensão.[3]

A expressão do olhar do modelo/personagem escapa ao campo representacional da cena, ultrapassando sua atenção para outro espaço. Vejamos também um pequeno e suave feixe de iluminação que recorta o peito e o ombro. Metaforicamente, perguntamos: homem de luz? Ainda por mediar a sensação de bem-estar, parece que as dobras da camisa demonstram um movimento *continuum*, um desdobramento. Essas dobras surgem empenhadas em destacar a transitoriedade efêmera da cena.

Os interstícios que exibem a matéria como elemento plástico poderiam ser inseridos nas teorias críticas contemporâneas, no que concerne à expressão do corpo por sua peculiaridade, sobretudo ao estarmos atentos de que isso faz parte do anúncio publicitário da exposição. Uma mídia simples, mas pontual para descrever em síntese a indicação contemporânea do que estão sendo considerados corpos espetaculares nessa exposição inglesa.

Existe aí uma economia comunicacional que acelera o processo de informação, pois procura atacar o observador garantindo-lhe constrangimento,

---

[3] Isso realmente pode ser uma aresta territorial para o leitor pensar em outro campo híbrido da geografia que se estende no fruto da imagem realizada por um italiano, que acaba por fazer parte de uma exposição inglesa, e que agora é estudada pelo autor deste livro, brasileiro, e, finalmente, será apreciada por um leitor de nacionalidade desconhecida.

por meio de um único toque (*in touch*) imediato: o estranhamento (espécie de estranhamento domesticado, diríamos, por ser conduzido). Esse estranhamento que constrange o público aciona a curiosidade, como o despertar que nos "remexe" ao causar a sensação de inquietação. A idéia dessa publicidade, efetivamente, é despertar a curiosidade e convidar o público a uma visitação. A intensidade da provocação do cartaz publicitário acaba causando uma excitação aguda da ordem do desejo e da repulsa. Pode-se dizer que a ordem do desejo se manifesta nos sentidos da imagem estudada em contraponto à ordem da repulsa; ambas estão presentes na mesma cena.

O cartaz da exposição exibe uma imagem corporal hermética, assim como o abordamos neste estudo, parece não haver contenção de gastos para a reflexão do olhar. Compartilhar-se por uma imensa atração do observador. Nada parece ser menos, ou mais, contemplativo, apenas percebemos que a imagem seduz e induz esse olhar do público. O corpo está ali no anúncio, diante de nossos olhos, à espera de uma resposta, uma confirmação que legitime sua função midiática de divulgar a exposição sobre corpos espetaculares.

O impacto escatológico reverbera a degradação física do corpo grotesco, como terror em uma violência tardia, que gera o temor mórbido da cena (da ordem da repulsa, conforme colocado anteriormente). Contudo, a aplicabilidade dessas características estéticas aciona a simpatia da imagem pelo prazer de ter o belo (da ordem do desejo). A incomensurabilidade do ato imagético indica o intercâmbio paradoxal que situa a transitoriedade erótica constante no ponto de vista crítico do público, sobre a cena do cartaz.

O discurso publicitário, neste trabalho visual, parece promover um efeito apelativo, já que se organiza sistematizado no calor da sensualidade do corpo exposto – *ex-ótico*. Uma solução criativa. De um lado, a negociação mercadológica configura muito mais que um corpo "malhado" em academia, ou até mesmo melhor que aqueles que realizam cirurgias estéticas de *lipoescultura* (retirada e adequação dos vasos gordurosos). Ressalvamos entretanto que, do nosso ponto de vista sistêmico – que se localiza fora da cultura inglesa, onde ocorreu a exposição –, o corpo em questão está em um ato intermediário (em uma linha tênue do fronteiriço: no entrecampo), pois pode estar tanto se desvestindo para se mostrar ou se vestindo para tentar esconder suas marcas. A pressão desse executar ou não a nudez cria considerado volume imaginário aos olhos do observador, instigado pela erótica do (des)nudar-se ambíguo.

Por outro lado, esse discurso publicitário subliminarmente incorpora-se na visualidade para traçar as peculiaridades da imagem, que podem conduzir à força motriz do imaginário do leitor; quando procura responder afirmativamente à convocatória da solicitação semântica do enunciativo, no gramatical imperativo do *slogan* – "visite a exposição!" O modo de operacionar essa frase-convite deve estar atrelado ao ideal de criar curiosidade, espanto e desejo no público para que, efetivamente, sugestionado pelo modelo anunciado, compareça à exposição. Não seria o ato de insinuar, mas sim de direcionar o público.

Também, cabe aqui apontarmos as subjetividades destacadas cromaticamente, tanto pela predominância em primeiro plano do colorido azul da roupa quanto pelo fundo escuro, esfumaçado e difuso, quase opaco, em contraste com um corpo deformado de pele e carne rosadas. Talvez pudéssemos refletir sobre a simplificação do universo biológico que determina culturalmente a nossa variação cromática, com os aspectos da sexualidade, a partir dos gêneros masculino e feminino (homem e mulher), que parecem ainda prevalecer equivocadamente em algumas contextualizações conceituais.

São marcas de produtos fabricados em laboratório "para inglês ver". Já não podemos mais aceitar essa redução científica na dicotomia macho e fêmea, pois as variantes de gênero do corpo que se destacam hoje são cada vez mais múltiplas relações de dados afetivos, eróticos e sexuais. Poderia-se dizer sobre a ótica de uma nova noção de desejo sexual e de experiência erótica, bem como uma nova questão moral, ética e estética de ver o mundo, ao considerar a diversidade sexual e o respeito pelas diferenças sexuais (Garcia, 2004a, b).

Acreditamos que a espetacularização da arte contemporânea possa constituir uma vontade de eliminação da distância entre objeto artístico e corpo, como suporte de algumas linguagens artísticas. Assim, a noção conceitual de artista, obra e espectador pressupõe cada vez mais a junção reinterativa das partes. Talvez, poderíamos dizer da humanização da arte ou da objetação do sujeito, no qual o corpo se apóia como objeto de arte e da cultura. Contudo, não podemos prever as ações humanas transformadas a partir dessa dinâmica da cultura, sobretudo ao pensarmos a cultura contemporânea.

Este capítulo tem como proposta apontar algumas considerações sobre o corpo na publicidade contemporânea, em especial no Brasil, ao observarmos as estratégias discursivas eleitas no campo da comunicação, em especial a imagem. Nesse sentido, faremos algumas críticas teóricas a respeito do corpo na publicidade, sem necessariamente utilizarmos anúncios publicitários diretamente como objeto de leitura, a fim de descrevê-los e verificarmos por meio do viés da metalinguagem as inscrições criativas da publicidade. Preferimos focar a idéia de corpo "bonito e saudável" como recorrência comum na mídia globalizada e, a partir daí, avaliarmos o grau de inserção na mídia contemporânea.

Tomemos novamente como exemplo uma comunidade discursiva em que a expressão "corpo e mente" aparece de maneira equivocada, como se a mente fosse deslocada, separada do corpo e vice-versa. Assim, organizam-se armadilhas publicitárias para o público desavisado cujos fatores simbólicos/emblemáticos seduzem pela mera aparência superficial. Enquanto o público está interessado nos efeitos sedutores do produto e do contexto que ambientalizam o anúncio, incluindo aí a imagem do corpo, as resultantes de vendas aumentam significativamente. Corpo que surge como extensão polifônica de deslocamento, hibridismo e fragmentação cujos estilhaços conferem um estado contingente que se move, ajusta e adapta de acordo com o contexto, em particular nas articulações estratégicas da mídia publicitária.

Antes, porém, tudo é tratado tecnicamente com cautela, de forma cuidadosa, misteriosa e agradável, sem agressividade. Esse ar de agradabilidade e mistério, que surge no anúncio publicitário e envolve o produto, cria no imaginário do público consumidor a radiante satisfação de compra. A preocupação de garantir agradabilidade e satisfação organiza-se como meta para cumprir os objetivos e a venda e, ao mesmo tempo, assegurar a construção de um espaço comercial-profissional capaz de ampliar e consolidar a imagem do produto/marca no mercado, sobretudo ao relacionar os valores de atenção, manutenção e corpo como conservação da vida. A imagem do corpo, nesse caso, é o suplemento cultural na exposição do produto.

Um labirinto de informações implanta suas bifurcações estratégicas que impressionam uma realidade bastante deslocada e tenta não diferenciar corpo e imagem corporal, embora ambas contenham suas peculiaridades. Corpo e imagem corporal, aqui, somente se separam conceitualmente, por isso reforçamos que ambos estão definitivamente juntos para agregar valor um ao outro.

Na sociedade da imagem e do consumo, a publicidade elimina qualquer expectativa de aprofundamento na informação para dar mais velocidade ao consumo, como um capital de giro, que vende idéias, conceitos. Nada mais! Para que codificar uma mensagem publicitária? Torná-la mais complexa? Perda de tempo. Basta trazer um diferencial que possa ser visto/lido como benefício para agraciar as vendas. Atualmente, a publicidade procura legitimar-se pela velocidade arrebatadora entre a exposição e a venda do produto. Tempo é dinheiro (*time is money*). De forma voraz, sem grandes sacadas herméticas e bastante eficiente, a mídia publicitária procura ser o mais dinâmica possível, investindo em argumentos cada vez mais superficiais, mas que tocam o consumidor profundamente.

Assim, a ordem é simplificar para direcionar melhor os alargadores do mercado. Sem culpa, o estilo de vida da garota patricinha ou do *playboy* mauricinho associa-se ao universo desprendido e deslocado dos jovens. O que a publicidade divulga é essa jovialidade que todos querem acompanhar, mas nem sempre conseguem. A indústria cultural contemporânea investe no imperativo da exposição pública, tornando o corpo, no anúncio publicitário, elemento descartável quando necessário for. Isto é, o público acredita que está diante de uma deusa da beleza, quando, de fato, ela não passa do resultado de excelentes efeitos visuais propiciados pelo tratamento técnico de maquiagem, vestuário, iluminação e fotografia. Como um desfile de moda requintado, cada vez mais, tudo é muito *fake*!

Assim, observemos as potencialidades criativas que suscitam "novas/outras" imagens corporais deslocadas, sobretudo no universo da mídia, ao transversalizar-se pela linguagem publicitária. As estratégias discursivas da publicidade elegem a imagem do corpo como intermitência circunstancial do anúncio, no entanto, fazem o corpo coabitar-se como dispositivo/suporte de uma linguagem contemporânea – efervescente no âmbito da mídia e do mercado de bens e consumo.

Há, de fato, esse fervilhar de argumentos híbridos que contagiam os discursos contemporâneos acerca de *corpo*, *mídia* e *representação*. As enunciações de forma e conteúdo (suporte e tema), portanto, desdobram as (re)configurações socioculturais dessa noção de corpo (inter/trans)textual fragmentado. Ainda que forma e conteúdo não se desacoplem, as instâncias performáticas do corpo na publicidade perfazem a imagem complexa que potencializa a dimensão plástica e estética do objeto corporal.

Instiga-nos ver/ler o corpo como (re)configuração enunciativa que revigora os sentidos da discursividade publicitária aberta, tendo em vista sua maleabilidade sígnica, que "mexe" com o público. Essa possibilidade de provocar o público coloca o corpo como instrumento envolvente que estimula, seduz e ajuda na persuasão midiática. Persuadir não seria diretamente enganar nem convencer ou induzir; mais que isso, implica tratar estrategicamente as formas de condução da informação publicitária. Persuadir é elaborar com requinte as camadas necessárias do discurso estratégico, é avaliar a situação e levar o público a um grau de crença satisfatório para a compra e a confirmação pública dessa ação, vista/lida como vantagem ao adquirir o produto ou ao mudar o seu comportamento. Muito mais que aconselhar ou decidir, efetivamente, seria mostrar as conveniências daquela ação. A persuasão na publicidade serve para demonstrar o ganho.

Na medida em que o corpo "mexe" com o público, convoca à ação de consumo ao se adquirir o produto/marca. Pensar esse outro lado da moeda é entender quanto o corpo está conectado com as artimanhas que a publicidade utiliza. O público, mais do que assistir, testemunha, ouve e corresponde à sua decisão de consumo. Se, de um lado, há extrema cautela para tocar o outro — nesse caso, o público —, do outro, a publicidade abusa das pesquisas para atingir substancialmente o público. Pedir para que o público deixe de apenas observar e passe a consumir, essa é a tarefa principal, seja na transformação de atitude (como campanhas institucionais), seja na ordem de aquisição de produtos. Eminentemente, a publicidade quer provocar a abertura no comportamento.

Para desdobrar as implicações concernentes ao campo da comunicação, é necessário aproximar essa vertente de cunho "culturológico" e pensar as condições adaptativas de articulações conceituais sobre o encontro intertextual entre publicidade, corpo e imagem. A cultura, assim, torna-se determinante fundamental do contemporâneo para inscrever o corpo na publicidade. Embora essa tríade simule as diretrizes deste livro — *corpo*, *mídia* e *representação* —, ela evidencia a visualidade como diferencial que articula os resultados.

Diríamos que a noção de corpo na mídia contemporânea parece ser o *leitmotiv* de inúmeras campanhas publicitárias, cada vez mais ousadas, cada vez mais detentoras de extremidades mercadológicas. Fica claro que o mercado de comércio e negócios se move como uma engrenagem que busca respostas imediatas, e nessa movimentação financeira precisa estar bem estabelecido com a rede de conversações de produção e distribuição de mercadorias, nesse caso, produtos, bens e serviços para além do capital de giro.

A força que a mensagem publicitária atinge ao utilizar o corpo no contraponto à visualidade do anúncio ajuda a legitimar a contextualização do produto/marca. Essa força evoca a dimensão atrativa do corpo como insinuação coerente, coerciva e consistente, que, de forma densa, implementa o anúncio publicitário. O fetichismo da mercadoria traduz as curvas corporais que a publicidade vive anunciando, por exemplo, os objetos de consumo como telefone celular, computador, carro, garrafa de cerveja. A forma visual desses objetos é reinstaurada pela aproximação anatômica dos *designs* avançados à imagética do corpo.

Pretender preencher o anúncio com essa intensidade de informação implica revigorar, sem reservas, uma escritura intertextual entre corpo e produto/marca. Essa relação que entrecruza corpo e produto instiga a contaminação visual, que imbrica as relações afetivas do público com o consumo. Vale lembrar que a publicidade se faz pela imagem, que com sua força representacional produz aberturas discursivas e equaciona as malhas intermináveis do corpo atrelado ao produto/marca no anúncio.

Contudo, essas aberturas tornam-se condições adaptativas do discurso publicitário, que em sua dinâmica aproxima o público consumidor ao consumo, utilizando-se de traços, pontualmente articulados e objetivos. Essa objetividade descrita prevê a indicação econômica direta com o exercício de divulgação e de "venda" do produto. Assim, tentamos pontuar os reinvestimentos incessantes das representações contemporâneas de corpo e publicidade, em que as estratégias discursivas surgem como estado suplementar radical dessa comunicação.

Indiscutivelmente, é preciso ressaltar que a técnica publicitária pressupõe diferentes etapas, desde o *briefing*, a pesquisa, o planejamento de comunicação e de campanha, o resultado proveniente das peças de criação. Nesses possíveis estágios, o corpo emerge como concretização que potencializa e implementa a mensagem publicitária. Da natureza dos fenômenos publicitários aos movimentos de marketing e *merchandising*, os fatores que cooperam com o desenvolvimento de uma campanha publicitária perpassam, paulatinamente, pelos desdobramentos críticos e criteriosos que fomentam a mídia.

Os hábitos contemporâneos do consumo estão cada vez mais imbricados nos destinos (de)marcados pelo mercado de bens e serviços. A ordem do capital é "vender" o produto, de forma que a circulação dessa imagem estabeleça a conexão mercadológica e associe o estilo de vida ao empreendimento adquirido – tanto para gêneros alimentícios, que engordam, emagrecem, nutrem ou transferem a aparência para outro estágio ou lugar, quanto para vestuário, imóveis ou veículos, que externamente complementam na sua magnitude a realização pessoal do consumidor.

Com isso, o nível de comunicação publicitária ocorre perante os efeitos lingüísticos que determinam a economia de mercado, uma vez que o corpo surge, assim, como orquestração para atrair o público consumidor. Nesse intuito promocional, avalia-se a performance do corpo na mídia como chave enigmática para desviar a atenção do público diante dos esforços de divulgação e de venda do produto.

Segundo Maria Rita Kehl (2003, p. 246), "Essa recente erotização do corpo [sobretudo o masculino] é efeito da produção de imagens, efeito da cultura da publicidade e da televisão, que apela, sim, a que todos os corpos sejam belos, sensuais, sadios, desejáveis". Essa positividade em relação ao corpo faz dele um ícone contemporâneo, que atualiza as mensagens publicitárias. No entanto, Kehl complementa, "o padrão de beleza imposto pelo imaginário televisivo e publicitário poderia excluir majoritariamente os pobres e os negros, como de fato exclui. A inclusão deles não é efeito de imagem, é efeito de discurso". Afinal, o que estamos testemunhando? Segundo Kehl (idem):

> Observamos que os corpos se modificam por efeito do que se diz sobre eles e do novo lugar social que se produz para jovens pobres a partir dessa "rede de apoio" discursiva que faz apelo a um modo diferenciado de estar "dentro da própria pele". Não creio que esta mudança seja apenas estética.

Aos olhos da autora, os efeitos corpóreos modificam os discursos, ao produzir a uniformidade massiva do consumo, tendo em vista a projeção "fantasiosa" da artificialidade enunciada em contraponto ao corpo. O discurso midiático representa a distância considerável entre o corpo, sua imagem veiculada e a recepção do público. Assim, a auto-estima cede lugar à baixa auto-estima, que acumula desafios inscritos pela mídia, em que a noção de corpo está atrelada à experiência do discurso, nesse caso, o contemporâneo. Portanto, como avançar nessa situação?

Diferença e alteridade são dados contemporâneos nessa observação do corpo na mídia, que ocorrem sem validar os sentidos, mas sim vetorizam-se para seus efeitos, o que (de)marca a superficialidade da cena. A ordem das aparências investe em enunciados capazes de agenciar a imagem corporal, que a publicidade preza em divulgar como brinde promocional, isto é, a imagem corpórea projeta-se como algo a mais (um *plus*) na cena. É evidente que exibir um corpo jovem, saudável, malhado é uma distorção da realidade cuja constatação reforça o agenciamento/negociação produzido no discurso publicitário. Chamamos distorção, tendo em vista a realidade expressa pela desigualdade social do País e do mundo.

Entretanto, corpos fugazes despem-se com rapidez e facilidade diante das câmeras fotográficas, de cinema, TV ou vídeo para saudar o consumo, sem nenhum pudor, medo, mágoa ou sacrifício. Isso acontece na mídia, cotidianamente. O corpo passa a fazer parte da regra hegemônica de como construir um panfleto publicitário eficiente: ironicamente, basta ter carne viva! Mais do que mensagem apelativa, o corpo erótico, na mídia, ressalta-se como estímulo ao "sucesso", à "fama": projeto de corpo em evidência na moda.

Se, por um lado, prazer e poder são aspectos que deflagram a energia erótica do corpo na maioria dos anúncios publicitários, por outro, o modo como desponta o corpo nessas circunstâncias substitui o desejo dessa suposta garantia de "sucesso". Em outras palavras, a publicidade vetoriza o desejo do público consumidor nas imagens, carregadas de bifurcações entre corpo e produto/marca.

Não estamos falando de sexo nem de pornografia, mas da força concreta e eficiente que exerce a delícia erótica em anúncios, cartazes e comerciais. Erótica que inquieta o consumidor e provoca pulsões e desarranjos no público. O corpo desnudado pela publicidade instiga o jogo anatômico fragmentado entre boca, perna, bunda, seios ou dorso. Assim, o carro, o revólver ou a garrafa de cerveja formulam *designs* de fetiche, conforme já discutido anteriormente. Esses objetos são diferenciados para acoplar a lembrança visual do corpo desejado, que é condicionado, propositadamente, em erótica. O fetiche das (de)marcações fálicas ou penianas fortalece a impressão de uma sociedade masculina, falocrática cujos anúncios inspiram aventura, instigam poder e veneram desejo.

Ao utilizar o corpo como arma bélica, a publicidade promete dinheiro, felicidade, liberdade. Lembremos: apenas promete! Valores tão raros, mas que agregados ao corpo instauram-se imediatamente com a identificação direta do público, vetorizada na carne, quase nunca ao produto/marca de fato. Portanto, compramos produtos por meio da publicidade, porém desejamos o corpo. É desnecessário dizer que o ato de "vender" para a linguagem publicitária dispõe de artifícios desdobrados em planejamentos e estratégias que operacionalizam a lógica do consumo na (inter)mediação sustentável – como se fosse possível não ser agressivo.

As armadilhas da mídia publicitária, propostas por meio da sedução e da persuasão, encontram-se agrupadas na figuratização deslocada do corpo. Na publicidade não é diferente, pois o publicitário quer instigar o desejo do público consumidor para se aproximar da ação de consumo, utilizando a imagem corpórea como atrativo.

A sofisticação do discurso televisivo publicitário aciona as malhas "enfeitadas/enfeitiçadas" da sedução e da persuasão, que, juntas, absorvem o desejo do "outro". Mas que desejo é esse que se coloca na vontade ávida entre corpo e produto, como objetos de consumo? Uma simbiose, uma mistura frenética estimula o público ao reconfigurar a mensagem publicitária em um tropo retórico deslocado, surpreendente.

Esse estágio de abordagem do desejo de consumo perpassa pelos estímulos sensoriais do corpo do consumidor na identificação com o corpo da cena, ou seja, no anúncio publicitário. O desejo, no contemporâneo, é trabalhado como veículo de contaminações desejantes, em que a vontade de posse passa a exigir a obtenção do corpo, como um enlace identificador entre a representação do corpo na publicidade e o público.

Ferramenta eficaz, capaz de provocar inesperadas ações de consumo, o corpo do consumidor também passa a ser contornado, controlado como estratégia para atingir o "outro". De fato, o corpo é eleito como mecanismo que aciona essas redes de coordenadas discursivas na publicidade: uma resposta direta, um chamado conduzido pelo percurso estratégico publicitário. Assim, a exaustão do objeto corpóreo, nada discreto, faz-se pela combinação de enunciados – quase – poéticos. Lamentavelmente, às vezes, nem tão éticos, nem tão estéticos, mas indiscutivelmente estratégicos!

A estratégia requer o pensamento reflexivo, já a tática é uma atitude nata. Diante dessas variantes expostas entre os movimentos estratégicos e táticos, também pode-se observar o uso do corpo na arte, no marketing, na publicidade, bem como em outras áreas que têm por atividade trabalhar "novas/outras" possibilidades operacionais da discursividade comunicacional – a cultura midiática. A estratégia não seria, absolutamente, a alteridade tática, e sim o percurso intencional da repetição diferente, que não se manifesta atrelada às suas identificações.

Os critérios e as predicações dos objetivos deste texto visam enunciar uma breve relação entre corpo e publicidade, vistos/lidos como expressão contundente em uma área interdisciplinar de comunicação. Refletir sobre esse instrumento comunicacional – corpo e suas adjacências (alterações) – implica ampliar a experiência do observador, emergindo disso a atitude crítica, distante dos modelos formais: cristalizadores da noção conceitual do corpo e seus aportes. Desse modo, procuramos investigar, teoricamente, traços de *transcorporalidades* exemplificadas na publicidade.

Para exploração desse objeto, tão efemeramente "vendável", a expressão corpórea exibe-se como estratégia discursiva, verificada pelo fenômeno de consumo – a aquisição de bens e serviços. Desse ponto de vista, o diálogo entre várias vertentes do pensamento contemporâneo sobre ações, estudos e imagens do corpo visa resgatar e dinamizar suas potencialidades adaptativas, marcadas por diferentes enlaces transideológicos como proposições temáticas à construção polifônica de *transcorporalidades*.

O corpo como categoria discursiva apresenta-se a serviço dos (inter)câmbios da linguagem estética, que se apropria da afetividade, da sensualidade, da erótica e do sexo para convidar o espectador a observá-lo, na íntegra ou em partes. Conseqüentemente, os diferentes modos de abordagem do corpo – inteiro ou fragmentado – podem reconsiderar as proposições teóricas e conceituais diante da instabilidade de suas expressões.

Nesse construto, a verticalização que fragmenta as paisagens visuais do corpo pode, parcialmente, (re)velar informações e segredos, ao pontuar marcas deslizantes de dúvidas, dependendo do *target* (alvo operacional). A especificidade do *target* na publicidade enfoca a recorrência discursiva, preocupada com resultados, sobretudo na recepção do público. Consideramos que agrupar as idéias de um anúncio ao desejo de consumir implica instaurar a argumentação objetiva de fatos, em contraponto ao dinamismo intersubjetivo da cena. Assim, o corpo surge como síntese (sub)versiva do discurso publicitário, que equaciona um estado híbrido. Esboçar esse corpo na publicidade implica (re)desenhar a experiência do observador/leitor, emergindo daí a atitude crítica marcada pela intersubjetividade.

A intersubjetividade recorre ao terreno da materialidade física do corpo, à faculdade intelectual, cognitiva, perceptiva do pensamento, para traduzir a mediação combinatória de dados probabilísticos dos enunciados evulsivos. Essa intersubjetividade apresenta a diferença aguda na concomitância de objetividade e de subjetividade cujo pêndulo debruça-se sobre essa última parte. Isso porque ela contém a disposição de maior flexibilidade consensual. Diríamos que o corpo necessita dessa condição adaptativa entre inscrições objetivas e subjetivas.

As equivalências entre objetividade e subjetividade contextualizam a (des)construção de intersubjetividades como reificação de pluralidades discursivas. Em outras palavras, a intersubjetividade torna-se fundamental na elaboração da lógica que se pauta pelas teorias críticas contemporâneas, ao tentar descrever e diferenciar objetividade de subjetividade, realidade de aparência, propondo ver/ler os traços enunciativos da escritura corporal e as variantes polifônicas da imagem.

Richard Rorty, ao pesquisar o conceito de pragmatismo, elabora uma busca filosófica da verdade. O autor depara-se com variantes do pensamento crítico, abandonando, assim, a distinção metafísica entre aparência e realidade; abandono que se inscreve na forma de correspondência existencial do sentido da verdade. Tomamos emprestado dele esse pensamento crítico para realocar o corpo no discurso da publicidade. E ainda distante da marca dogmática e/ou cética, para Rorty (1998, p. 23) seria importante, estrategicamente, "(...) parar de nos preocuparmos com a objetividade, ao nos deixar satisfeitos com a intersubjetividade". Esse interesse pela intersubjetividade, ainda segundo Rorty, demonstra as artimanhas da regularidade teórica para fluir a atualização do pensamento crítico, uma vez que a condição adaptativa das estratégias discursivas investem em uma tentativa plausível da representação do corpo na contemporaneidade.

Dessa forma, nomear as intensas expressões da imagem corpórea no trânsito de intersubjetividades, como *transcorporalidades*, requer um construto vinculado ao campo da arte, da publicidade e da imagem, sendo possível estudá-la do ponto de vista dos recursos audiovisuais – cinema, TV, vídeo, computador –, bem como observá-la na incidência de recursos plásticos – escultura, fotografia, desenho, pintura. Além disso, as condições adaptativas da cultura contemporânea permitem (re)pensar, estrategicamente, o corpo como instrumento de uma atividade da performance espetacularizada, em que o discurso erótico se inscreve.

Reforçamos que essa espetacularização da imagem corporal faz parte do discurso midiático contemporâneo cujas considerações mercadológicas do consumo são ressaltadas. As alteridades das enunciações do corpo espetacularizado (Garcia, 2001) agregam as ambigüidades presentes na cena contemporânea, pois geram a problematização das fronteiras no imaginário do observador, que busca trabalhar diversidade e diferença.

Conforme certas alternâncias são revisitadas como reinscrição/revisão de diferentes graus de possibilidades das atividades corpóreas, essa espetacularização visual em evidência cria prolongamentos que se estendem ao campo explícito do objeto. Esse efeito cognitivo/perceptivo sobre a imagem do corpo não precisa necessariamente alcançar um nível tangível.

Diante das inscrições que se entrelaçam entre os diferentes códigos sincréticos (verbais e visuais), o planejamento da mídia impressa conecta, estrategicamente, uma série de elementos díspares que complementam essas anotações sobre corpo. Na noção de corpo apresentada por anúncios publicitários na mídia, o próprio corpo surge como aglutinador de mensagens.

Nessa leitura crítica não seria diferente também, pois o corpo parece ser o adereço confortável para agenciar/negociar esses aspectos circunstanciais entre cinema e publicidade. Para ilustrar essas inquietações que o corpo inscreve na cultura contemporânea, abordaremos o filme *1,99 – Um supermercado que vende palavras*, do diretor e roteirista Marcelo Masagão, que equaciona algumas exemplificações críticas e poéticas.

1,99 – O FILME

De acordo com a crítica cinematográfica do filme *1,99 – Um supermercado que vende palavras*, dirigido por Marcelo Masagão, atrelar o corpo ao produto/marca implica (re)significar seu lugar na prateleira do (super/hiper)mercado. Para ele, tudo pode ser comprado, tudo pode ser consumido! Essa postura do cineasta faz que o espectador questione o próprio ato de consumir – ação cotidiana recorrente no mundo globalizado. Na cultura do consumo e da imagem, o corpo surge como instrumento de agenciamento/negociação das circunstâncias do produto/marca exibido.

Masagão considera o filme *1,99* seu primeiro trabalho de ficção.[1] Claro que há pelo menos uma linha ficcional mais explícita para colocar nesse supermercado. Os freqüentadores do lugar, homens, mulheres, crianças, velhos e moços, têm à disposição apenas caixas de vários tamanhos, onde se lêem *slogans*, frases prontas, palavras ou apenas letras. Contudo, usando outros mecanismos do cinema, muitas das referências à publicidade são reais e foram mencionadas várias logomarcas com a autorização das empresas creditadas nos letreiros iniciais.

Se o cinema quer trazer a fantasia do entretenimento, as condições do consumo na crítica de Masagão reforçam a possibilidade de ver/ler o corpo como instrumento contemporâneo de absorção da prática mercadológica, quando o público atende ao chamado da mídia. Inevitavelmente, o filme remete às lojas de produtos de R$ 1,99, como referência ao *fake*, ao descartável, porém, diante da ação compulsiva do consumo. Nessas lojas vendem-se, normalmente, produtos importados, falsos, genéricos e/ou produtos piratas. Ao deslocar o espectador para a reflexão crítica acerca de estratagemas e armadilhas do mercado e do processo midiático, a reflexão cinemática desse filme articula sua própria estratégia discursiva acerca do corpo na cultura contemporânea.

---

[1] Longe de ser enquadrado como documentário, este trabalho explora, com certeza, um território novo para o cineasta. *1,99* segue a mesma fórmula do famoso projeto audiovisual de Marcelo Masagão, *Nós que aqui estamos por vós esperamos* (1999), pela utilização farta de música e pela ausência de depoimentos.

A sinopse indica que os personagens principais do filme são o desejo, a angústia e a compulsão que sentimos pelo ato da compra. De fato, o somatório desses três elementos – desejo, angústia e compulsão – aponta para um enredo fértil da atividade de consumo, sobretudo no espaço do (hiper/super)mercado. Esse terceiro longa-metragem do diretor surpreende pela temática, já que histórias curiosas ocorrem nesse (hiper/super) mercado totalmente branco, e nenhum personagem consegue de lá sair. Estranho!

Em um cenário bastante deslocado da mera realidade – totalmente branco e iluminado, com prateleiras e carrinhos iguais aos de um supermercado comum –, a narrativa fílmica promove a reflexão criteriosa sobre os limites do consumismo exacerbado. A assepsia *clean* do branco faz da claridade, muito além da limpeza higiênica, um apagamento das informações uniformizadas. Neutraliza-se a imagem com o branco, não há preenchimento do espaço visual, assim como não há acúmulo de informações que não sirvam para o direcionamento de assistir aos diferentes modos de consumo.

Com ênfase no branco, essa higienização relaciona-se à saúde e uma diretriz, extremamente rigorosa e artificial. A idéia de filmar um (hiper/super)mercado inteiramente branco surgiu da leitura de *Sem logo*, de Naomi Klein (2002), em que a autora faz uma leitura crítica rigorosa e surpreendente de como as grandes marcas de produtos têm necessidades intrínsecas de se fetichizarem ao infinito para sobreviver. Ou seja, como determinados produtos precisam apenas da marca para sobreviver. O produto em si e a produção não interessam, mas sim o *slogan*. Com o corpo, atualmente, não é diferente. Mostrar o bumbum em forma está na mesma condição adaptativa de observar um produto caro na gôndola de um hipermercado.

O fetiche passa a ser nosso calcanhar-de-aquiles; todos pensam não em um produto/marca qualquer, mas em certo produto, agregado de características e de quantidades determinadas, ou seja, o produto jamais será completamente abstrato. O fetiche torna-se a resultante do objeto mais o acumulado de memória que temos do produto. Sempre um produto/marca pleno de fetiche. Talvez o papel do fetiche seja singularizar e, ao mesmo tempo, embaralhar nossa objetividade. Ele a todo momento embasa nossa capacidade de experienciar as coisas de forma definitiva, cristalina.

1,99 é mesmo um supermercado que vende palavras; mais do que isso, vende idéias, mensagens, textos, conceitos. Dessa forma, surgiu a possibilidade de se ter um supermercado completamente branco, que apenas venderia fetiche, ou seja, uma emblemática linguagem de artifícios como o planejamento de *slogans*. NO LIMITS. Portanto, a responsabilidade do código verbal configura o direcionamento normativo aos produtos, destacados pelo que pode ser considerado nomeação – que denomina a condição adaptativa de marca. Portanto, a inscrição dos textos, enquanto rótulos eficientes para comercializar os produtos/marcas, torna-se a coqueluche dessa experimentação fílmica. Masagão acerta no alvo quando aciona o público para ler as mensagens, ditas clichês, que a publicidade equaciona como sua agressividade de marketing.

Completamente isento de diálogos, a película explora as variantes intersubjetivas do tema, que não se fixa nas situações do comportamento. Acreditamos que essa ausência de diálogos é uma elaboração contundente, mas apropriada a conduzir a trama de Masagão. A ação dos personagens, com seus corpos transeuntes, contém pérolas ocultas. Os atores contratados não são rostos conhecidos na grande mídia, assim, demonstram o lugar-comum de onde parte a estrutura poética do filme.

Apesar da ausência de diálogos, cria-se uma série de situações dramáticas em que essas pessoas, também vestidas de branco, relacionam-se. Do lado de fora outras tantas, vestidas com as cores e os níveis de elegância do cotidiano, citam os excluídos. De tempos em tempos, uma patinadora – semelhante às consultoras de preços de alguns supermercados – vai à porta e seleciona novos consumidores, bem como outros são expulsos desse arremedo de paraíso asséptico e artificial, justamente no momento do pagamento, quando seu crédito se esgota. Existem várias situações em que o filme sugere a tentativa de uma parábola social, como quando se identifica na bagagem cultural de uma senhora diante de referências da publicidade.

Evidentemente, o filme é muito interessante para o público pensar as artimanhas técnicas envolvendo publicidade, mercado, mídia (como *merchandising*, por exemplo) e o próprio cinema, pois utiliza muito os artifícios da linguagem para discutir questões como identidade e consumo. Dito de outra forma, nada do que é mostrado é óbvio, direto, simples ou fácil de ser compreendido. A complexidade das cenas evoca o consumo, o fetiche e a dimensão de *voyeur* que o público de cinema tanto aprecia. Na verdade, o filme não apresenta uma trama linear, mas sim trabalha alguns conceitos contemporâneos sobre o comportamento humano. Ainda assim, trata-se de um filme intrigante, pelo formato radical da poética cinematográfica proposta por Marcelo Masagão.

O clima de estranhamento no ambiente do supermercado é permanente, em contraste com a leveza e a suavidade com que a câmera passeia, lentamente, pelas cenas. Esse deslocamento permite ao público testemunhar e refletir sobre alguns atos previsíveis de consumo, como visitar o supermercado, usufruir da estrutura que expõe os produtos/marcas, conhecer as novidades, selecionar os produtos e adquiri-los por meio da compra. Observamos um turbilhão de informações; conduzido prontamente pela câmera, ele expressa o estancamento das informações, na medida certa. Em uma metalinguagem crítica, os objetos e as imagens estão departamentalizadas como pasteurização que massifica a informação e, conseqüentemente, o consumo.

Outro ponto que ressaltamos é a emoção contida dos personagens inseridos no supermercado. Pouco sorriso, pouca expressão facial, pouco contato entre eles. O corpo desliza serenamente pelos corredores do cenário iluminado pelo branco, organizando-se apenas uma relação consumidor–produto. Somente o corpo e o produto! A emoção corporal quase não transparece nas cenas. Não há um extravasar. Os desfechos de cada movimento corporal correspondem à inquietação que o público precisa (des) construir com sua *diegese*.² É um filme excelente, no entanto, difícil de ser digerido. Efetivamente, não é um projeto fílmico que faz a platéia ir ao extremo de rir ou chorar, mas certamente toca em derterminadas questões contundentes.

O nível de articulação crítica do diretor é tão abusivo que, para divulgar o próprio filme, foi realizada uma campanha publicitária cuja descrição do cartaz demonstrava diversas reações críticas das pessoas que foram assistir ao filme *1,99*: "caminhou cinco horas; deu 72 cheques sem fundos; fez sexo por 17 horas; tornou-se taleban; foi morar na Amazônia; parou de tomar Prozac; rompeu com o pai; ficou três horas em silêncio; fugiu de casa; ou mudou de religião".

É muito peculiar a maneira do diretor comentar a influência das inúmeras marcas que nos fazem viver, praticamente, em um cenário publicitário. A começar pelas cenas iniciais, em que se apresentam os patrocinadores e os apoiadores do filme, que duram cinco minutos. A grande quantidade de créditos e apoios de marcas conhecidas assusta e acaba causando certo desconforto e risos nos espectadores. Na narrativa fílmica, essas marcas são citadas novamente. Por fim, o público conclui que toda essa apresentação foi proposital.

Trata-se de um filme instigante, embora a ausência de diálogos e a escolha da trilha sonora – quase toda minimalista, com músicas de Wim Mertens e alguns momentos de André Abujamra – possam mostrar-se um tanto árduas para parte do público. Por isso, no decorrer do filme, Masagão utiliza diversas colagens de fotos, frases e logomarcas que remetem aos próprios personagens – recurso já utilizado por ele em filmes anteriores. Essas colagens implementam as resultantes das cenas e servem também para quebrar o ritmo fílmico, mostrando que há naquelas pessoas algo além da aparência robótica.

---

² O termo *diegese* refere-se, eminentemente, ao peculiar processo perceptivo/cognitivo do espectador de cinema (Xavier, 1983).

4

Derivas entre moda e estilo

Um dia algum homem primitivo colocou, talvez, uma ramagem de mato ou pele de animal nas costas por causa do frio ou para tentar ficar mais belo. Pronto. De forma instintiva ou consciente, fez disso uma vestimenta. A trama de um tecido de pedaços de couro, lã de ovelha ou algodão ou qualquer outro material rudimentar para cobrir partes do corpo como proteção e/ou adereço necessário para identificar um grupo, uma tribo, torna-se fator fundante para relacionar o uso da roupa como ato cultural.

Nesse exercício empírico, a cultura orquestra-se uma dinâmica que articula a espessura do conceito de corpo como refinamento entre o natural (intrínseco) e o artificial (extrínseco). Recobrir o corpo com vestimentas implica, efetivamente, distender a estratificação dos produtos culturais. Seja do ponto de vista utilitário ou estético, a complexa funcionalidade do vestir faz dessa prática nota significativa de observações críticas, que, na história da cultura, pode ser considerada moda.

O desenvolvimento tecnológico e atualizado desse procedimento cultural inscreve a moda como ponto de partida para refletir as (de)marcações históricas e geográficas que ponderam a climatização e a territorialização de elementos contextualizadores e fundamentais nessa revitalização do figurino do corpo.[1] A temperatura, sem dúvida, é um forte indicador restitutivo das tendências da moda, uma vez que a climatização oferece os termômetros para medir e mediar o corolário que destaca o compasso da moda. Dessa maneira, o corpo toma lugar de suporte para veicular dinâmicas de diferentes vestuários, as quais culturalmente são reconhecidas pela sociedade como um exercício de linguagem.

Nesse processo, advertimos que a noção de moda que gostaríamos de abarcar tangencia uma complexa relação de enunciados lingüísticos cujos aspectos constituintes elaboram a condição adaptativa de estratégias discursivas entre estilo e atitude. Nesse sentido, a moda, aqui, evoca a representação capaz de aprimorar criticamente os conceitos formais sobre tal incursão discursiva. Diríamos que os símbolos de rebeldia e protesto, visualmente apresentados pelo cabelo comprido ou pelo casaco pesado com minissaia, por exemplo, revelam o trânsito dessa linguagem subversiva que acopla corpo e moda nos contextos socioculturais. Na cultura da moda, é preciso considerar os detalhes visuais que o corpo expressa como traço identitário, veiculado no binômio linguagem–cultura.

Uma forma delicada de pensar o corpo no contemporâneo é observar os caminhos que moda e estilo podem propor ao imbricar dinâmica e versatilidade. Os desafios com que as roupas são projetadas para os desfiles de moda formalizam e repercutem as tendências do mercado de consumo, como se a moda fomentasse o estilo que dita fórmula, conselho, regra, etiqueta.

Nota-se, porém, que a moda corresponde, estruturalmente, ao chamado da mídia e vice-versa. Para além da persuasão comportamental,

---

[1] Outra maneira instigante de refletir sobre essas questões acerca dos dispositivos tecnológicos é pensar nos *wearable computers*, isto é, roupas-computadores, que respondem a estímulos externos ao corpo. De fato, eles são a extensão digital do corpo. Esses computadores vestíveis têm a capacidade de agir e realizar desafios programados, utilizando materiais orgânicos, inorgânicos e digitais, como nanotecnologia, por exemplo.

as novidades que rebuscam estilo e elegância visual na moda realizam uma combinação direta entre corpo e vestuário, provocando um enunciado cada vez mais complacente com os entornos de consumo, identidade, diversidade e diferença: signos preciosos para o trânsito de alteridade com estilo.

Estilo é a maneira diferente de ser – modo de se exprimir individualmente. É o jeito particular que equaciona diferentes composições coordenadas entre o ser e sua expressão. São características que organizam, indubitavelmente, o tom de cada um. Uma afeição distinta que assina a forma especial de determinadas nuanças do sujeito "estiloso", que marca presença e as cíclicas mudanças programadas. O estilo, na verdade, pode inscrever o traço pessoal do sujeito ou do grupo ou, ainda, as qualidades inerentes a um conjunto de regras, nesse caso, da moda. Ter estilo é estar atento aos fluxos recorrentes da moda e aprimorar-se naquilo que se realiza em cada ocasião. A condição temporal, tanto o velho e o novo, entre moda e estilo insere fatores técnicos sinalizadores e decisivos para aperfeiçoar a presença no ambiente, como indicativo de pertença: estar dentro ou fora (*in* ou *out*).

Já o desfile de moda é um ritual enfático que dura muito pouco, cerca de trinta minutos, mas deve ficar marcado na memória do público. Mais do que isso, deve ficar registrado pela televisão, pelos fotógrafos de revistas e jornais. É um evento midiático de curta duração, mas que precisa obter repercussão massiva. Para tanto, torna-se importante estar bem preparado, sintonizado, globalizado. O alcance massivo da audiência é fundamental para prevalecer o *front* (forma de exposição à prova) do estilista e garantir os frutos necessários do mercado e do "sucesso" do desfile.

A repercussão na mídia demonstra as habilidades e as competências da coleção apresentada pelo estilista e sua equipe de trabalho. Portanto, o que se propõe a ficar registrado como acerto é o evento/acontecimento, pois, dessa forma, garante os desdobramentos da moda ao longo de cada temporada mercadológica. Advertimos que é claro que a moda deve reter seus encaminhamentos mediante o desfile, mas ele sobrevive muito para além dessa refutação.

Do princípio conceitual que eleva a campanha do estilista ao formato marcado por cenário, modelo, música e passarela, o desfile de moda deve ser pontualmente considerado eficaz pelo corpo que apresenta a roupa e a roupa que apresenta o corpo. Com isso, a escolha dos(as) modelos e seus corpos transeuntes é algo que exige extrema preocupação dos organizadores e produtores. Do caminhar de cada modelo na passarela ao deslumbramento do público pelos diferentes figurinos, tudo deve remeter à agradável imagem de satisfação de presenciar esse corpo que traz consigo a coleção. Lembramos: em um desfile é preciso ter mais que roupas ou corpos, é preciso garantir algo agradável que crie impacto e impressione as pessoas, que fique impregnado com seu diferencial. Como paradoxo a ser observado, o corpo é um elemento-chave de um desfile de moda, capaz de proporcionar esse encontro fecundo entre tecido e pele, contaminando o olhar do público que contempla e admira o deslizar da forma. Roupa serve para vestir o corpo e moda serve para comunicar!

Em um desfile, vale a pena intermediar a linguagem corporal que associe sofisticação e bom gosto, que fazem parte das tarefas da execução eficiente da moda. Desfilar é mostrar a peça têxtil e sua indumentária conveniente, adequada, ajustada. Nesse caso, o contexto estabelecido pela moda inspira o registro documental de uma época ou um período. Mais do que isso, ao relatar as tendências de roupas, adereços e apetrechos, um acontecimento na moda soma estilo de vida e atitude, (de) marcando a condição adaptativa de tempo—espaço. É certo que cada coleção anuncia tendências investidas para as estações de primavera-verão ou outono-inverno e, assim, expõe e particulariza um fragmento cronológico para refletir a roupa em seu ar relevante que envolve o corpo. Ao regular forma ou modo de vestir, os matizes da moda provocam mudanças na maneira de pensar o corpo, periodicamente, como fenômeno sociocultural coercitivo.

Nesse sentido, a (des)construção do corpo contemporâneo absorve a camada de tecido que reveste culturalmente a pele, que tenta ser substituída pelo tecido trabalhado ornamentalmente de forma cultural. Pele e tecido equacionam seus distintos lugares e, indiscutivelmente, um não substitui o outro de fato. Diferentes tipos de tecidos, diferentes estamparias, diferentes (re)cortes. A moda se faz mais que embalagem do corpo, enuncia e implementa o vestuário para além da dimensão utilitária e/ou primordial. Estilo e corpo, portanto, tornam-se armadura visual concreta de diferentes experimentações da moda – como cartão de visita! Uma epopéia, um clássico.

Da *sex appeal* ao garoto charmoso, a elegância que a moda requer inspira a segurança superficial do corpo cujos desfiles e passarelas contaminam e expandem as redes de conversação de festas, *raves*, clubes, shows: são complementos enunciativos de promoções e ações midiáticas, que podem ser enumeradas, formalmente, pelo dispositivo eletrônico-digital como TV, jornal, revista, computador, Internet, celular e outros espaços em que o uso da tecnologia se faz presente. A moda torna-se mais que o lugar de acesso à informação do vestuário, sobretudo no contemporâneo. Assim, *glamour*, luxo e curtição misturam-se proporcionando o alargamento de possibilidades discursivas nesse "barraco" criativo: um *frisson* visual atento ao que vestir na moda!

O fetiche, por exemplo, traz a epifania do culto ao corpo e a roupagem sensual adequada para a objetificação do desejo, da erótica, longe dos lugares e das circunstâncias comuns, cotidianas, convencionais. O fetiche eleva o lugar do corpo como recorrência do desejo poético da observação. A interseção moda e corpo promove essa poética do fetiche em que entusiasta e aficionado, na sua pontualidade crítica, deliberam as expressões "cavernosas" do desejo. Adorar o vestuário a partir das linhas que sugerem o corpo implica investir nas (de)marcações eróticas da carne como supremacia do objeto venerado. O fetichismo, considerado espaço transicional, tenta substituir os valores do objeto impregnado de referencialidade sociocultural aos detalhes de peças e de ornamentos do vestuário. Muito mais que um objeto simbólico ou emblemático, uma atração inquieta sobre corpo e moda fascina o fetichista, transpassando a fronteira reguladora dos ditos sociais. A ordem do fetiche ultrapassa a norma para resgatar a abundância do visual.

Da exibição ao *voyeurismo*, o fetiche explora o incentivo ao prazer, sem compromisso, para além da normalidade em uma condição adaptativa contemporânea. Um olhar insaciável venera um conjunto de informações visuais do registro grotesco entre o pano e a carne, impelido pela força telúrica que absorve o tecido e a pele. Arriscamos dizer que o corpo ampara a roupa, assim como a roupa ampara a moda. As vertentes que atravessam o universo material da moda são muitas, prevalecendo as suturas (costuras) impermeáveis de adjetivações, sem vacilo. Sem encarar os conceitos sobre corpo/moda em uma saia justa ou em uma camisa-de-força. Isso pode ser observado ao escrever sobre o vestuário feminino (Joffily, 2001, p. 167):

> (...) procuro pensar os rumos da moda, suas fronteiras com o corpo que parecem transformar-se, perdendo os contornos nítidos de outrora, quando afixava a posição social, detalhes da sexualidade ou o estado de saúde do corpo, já que a beleza era ligada à higiene corporal. (...) Artificioso desde sempre, o vestuário foi uma construção imposta, mas que compunha o corpo, dando-lhe uma continuidade. (...) A conexão roupa/corpo possuía uma ótica marcadamente sexual. Todo reconhecimento social possível à mulher da época [neste caso, Primeira Guerra Mundial] se dava praticamente através do olhar masculino. Pela sedução, através de seu corpo, da aparência, a mulher manobrava seu próprio destino.

Se por algum instante o surgimento do fetiche ocorre pela adoração ao corpo feminino, agora, o corpo masculino também passa a ser veiculado na contemporaneidade intensamente como objeto de desejo. Embora tentar prescrever acerca do desejo seja rondar um misterioso território da (inter)subjetividade. O fetiche infringe a lei e a ordem do bom costume ao procurar tatear as malhas das redes socioculturais, que rompe com o sistema hegemônico, em uma noção descabida sobre gênero (feminino/masculino). De fato, há outras tantas variantes a serem discutidas e criticadas longe da cristalização feminino/masculino. Um vestuário arrojado, portanto, pode enunciar uma série de aspectos circunstanciais de uma trama. Hoje, após a ordem falocrática, a moda ajuda na conquista da liberação do corpo e do gênero, como assinatura de uma aventura cravejada pelo figurino estilizado. No entanto, parece que é o vestuário que dita o limite fronteiriço entre mostrar e esconder as formas corporais da sedução.

Nesses diferentes níveis de apreensão e apresentação, mostrar ou esconder é a brincadeira mais séria para o fetichista que gosta de detalhes corporais inusitados como: pé, dorso, bunda etc. Esses fragmentos anatômicos restituem as (de)marcações poéticas que (re)talham o corpo, em um processo de idolatria da imagem corporal. Como a fábula do coelho e o caçador, o desprendimento subjetivo da imagem fetichista também ancora suas bases na relação binária observador–observado, absorvidor–absorvido, dominador–dominado, senhor–escravo, na fantasia do bandido e do mocinho. O figurino dos super-heróis contemporâneos, como o *Batman*, por exemplo, ilustra muito bem a fantasia do fetiche, uma vez que a fantasmática (Garcia, 2000a) trabalha a abertura do imaginário da máscara, do mistério, do segredo.

Para adentrar as derivas de moda e estilo, a fantasmática deve ser considerada atividade crítica de (des)construção conceitual discursiva em constante transformação cujo campo lingüístico recupera-se, permanentemente, a partir das possibilidades de experimentação com o mundo. Isto é, um procedimento de reinvestimento dialógico e perpétuo, seja no fetiche, na moda ou no corpo. A fantasmática busca a cicatrização dos efeitos de sentido do objeto, condição adaptativa que extrapola as variadas performances discursivas. Devemos considerá-la, portanto, uma espécie de código ortopédico (mais que corpóreo), porque visa corrigir a realidade em nome do prazer e do imaginário para auxiliar na descrição do objeto em constante troca entre sujeito e objeto.

Retomando, o fetiche na moda aposta no *avant-gard* para enumerar as ressonâncias entre corpo, moda e prazer. Estar à frente implica abrir caminhos e alargar passagens. Tudo isso para sedimentar um mercado recheado de oportunidades. As dimensões bizarras – sadomasoquismo, *cross dressing*,[2] entre outros – demonstram as marcas recentes que, para alguns, são perversas e/ou pervertidas na ordem da submissão dos fetichistas, que gostam particularmente de detalhar sapatos, chicote, couro. Evidentemente, o fetiche e a moda estão intermediados por corpo e sexualidade, como atmosfera preambular de contextos híbridos, sem necessariamente se vincular diretamente ao sexo. Os fundamentos do universo do fetiche absorvem os *experts* mais atentos para o entrecruzamento de desejo, corpo, imagem e moda. O fetichismo pelos artigos de massa tangencia a imagem deformada que excita a disponibilidade do consumo a partir das representações midiáticas. O fetiche, em síntese, craveja e embala o ritmo que acelera o consumo sem reter qualquer restrição.

A associação entre moda e consumo responde ao chamado do mercado, uma vez que as ações humanas compreendem a diversidade de situações discursivas, capaz de deslocar e valorizar a aproximação estratégica do corpo/mercado. Essa aproximação, recorrente na moda, combina as predicações do vestuário aos valores de bens materiais e simbólicos, cujas fontes de lucro efetivam-se em grandes produtores empresariais e industriais da marca e dos ditames de estilo e de atitude. Ao apostar na segmentação do mercado – variedade de tribos –, a moda inscreve o valor venal das assinaturas inquietas (inscritas nos objetos) de sociabilização de grupos,

---

[2] Homem heterossexual que gosta de vestir-se com roupas femininas.

comunidades e subculturas, uma vez que o consumo dessas especificidades gera a consagração da moeda corrente. De certa forma, a estratégia empreendida pelo universo da moda legitima a globalização da produção de vestuário/indumentária.

Aspectos de beleza, juventude, erotismo e sexualidade são critérios julgados a favor da engrenagem que move a circulação midiática do corpo. Esses aspectos são reinventados na ordem do dia, nesse caso, pela moda. O que consiste em estratégias discursivas sobre corpo e moda impregna-se de fundamentos mercadológicos – imagens, anúncios e cartazes são preestabelecidos, planejados e programados, criativamente, para seduzir o público ao objeto estampado. Nesse procedimento criativo, a dinâmica do mercado instaura um fazer preocupado com a invisibilidade do lucro. O enunciado contido na mídia deve indicar a aparência versátil e cativante do corpo em movimento – coberto pelos acessórios. É na indústria de cosméticos, perfumaria, calçados e bolsas que os objetos trafegam pelo corpo a substância visual, que fornece um valor, muito embora este deva ser introjetado sutilmente ao público. Esse procedimento, diríamos, organiza a técnica exaustiva para adulterar as imagens no mercado.

Na moda, a renovação dos ciclos faz brotar novidades e apagar movimentos considerados *cult*, *cool* ou ultrapassados. O inédito disputa mercado. Hoje, os ditames da alta-costura ao *prêt-à-porter* curvam-se, entregam-se à moda jovem popular de rua, em diversas tribos – *street wear, teenage style, casual dressing* ou *cool fashion*, assim como *rockabilles, cibermanos, punks, darks, rappers, grunges, clubbers* ou *drags*. Novas tribos surgem, velhas gerações aposentam-se. Mas para atacar com o novo é preciso conhecer o passado e o presente, pois sem consenso não há solução. Rebeldia sim, porém com a cautela de quem dialoga com o mercado. Conforme dissemos, estar na moda é estar em evidência, tendo em vista que ela confirma a imagem social. Pena que tudo isso seja efêmero!

Assim, fazer parte de um grupo ou de uma subcultura sem ser confundido, sobretudo com a linguagem urbana da metrópole,[3] é conseguir marcar o traço da coletividade: grau de pertença que indica o lugar do enunciado(r). Diante disso, deve-se apurar a onda da moda. Erika Palomino (1999, p. 230) diz:

> O corpo – máximo dos anos 90 – ajuda a contar quem você é: o ápice da *body art* como forma de expressão. O importante é transmitir um caráter de não conformidade. A aparência serve, portanto, para atestar que esses indivíduos fazem parte de um grupo de iniciados, pessoas informadas que atendem a determinados estilos de vida. Ao mesmo tempo que se valoriza a personalidade, ressalta-se a sensação e a impressão de pertencer a um núcleo, a uma geração, a qualquer coisa. O objetivo é uma coletividade que, consciente ou inconscientemente, surge como mola propulsora para esses universos.

Nesse construto da metrópole, apostar na dinâmica do *fashion* é acompanhar o *frisson* das novidades que povoam vitrines e galerias dos *shoppings* e das lojas de departamentos, seja o *kitsch* que restaura o passado, atualizando-o, ou o brega *underground* que assina desafios e provoca burburinhos. Em prol dessa panacéia (plural) de engendramentos poéticos, estéticos, plásticos, a moda busca alternativas da linguagem vista/lida nos antigos bazares de roupas usadas. A moda, na verdade, agencia/negocia esses estados híbridos em que os resquícios da indumentária passam a ser a significante saída chamada brechós. (Re)cria-se o eterno *revival* como fonte

---

[3] Pensar a moda na metrópole parte da referência concreta de experiências que apontam e legitimam o desenvolvimento dessa área de mercado influenciada pelo cotidiano dos grandes centros urbanos como Paris, Londres, Nova York, Milão, Tóquio e São Paulo. É a partir da vivência nessas cidades que surgem traços culturais e influências para (re)desenhar os desígnios da moda; para além das passarelas, mas no cotidiano urbano. Esses espaços tornam-se constituidores de informações que promovem a moda.

inesgotável de imagens, modelos e combinações, a fim de exaltar o passado como indicativo sutil. Isso sinaliza a arriscada busca entre o cafona, o permitido, o suportável, o combinável, o plausível.

Mas, por favor, nada de decadência ou estardalhaço. Tudo deve ser feito com muito rigor, encantamento e agitação. Tudo para destacar e chamar a atenção. Nada de semelhanças ou similares. A condição adaptativa do brechó é criar "novas/outras" tendências na moda, que perpassam pelas intersubjetividades poéticas. Os conselhos e as dicas das revistas são interessantes, para não dizer instigantes. Quanto mais estranho, melhor mesmo que sejam itens absurdos, como relógio de bolso ou leque. O que impulsiona é essa marca registrada do diferencial e destaca a presença. Esta é a marca performática da diferença. Portanto, é necessário ter assiduidade nesses espaços, saber fazer produções irreverentes e dialogar com senso *fashion*. Nada de colocar algo permanente ou eterno. Tudo deve estar em constante (des)construção e deslocamento, de acordo com as tendências de cada período.

Falar na produção do vestir, às vezes, nos faz lembrar um concurso de *miss*, com as disputas entre vestidos, saltos, passarela e corpos "perfeitos". A performance visual também é ingrediente necessário ao recheio estabelecido pela moda. Essas analogias remetem aos desafios de conseguir realizar combinações satisfatórias entre cores, formas e movimentos cujos resultados surpreendem e atualizam a moda. Na verdade, a epistemologia da moda ocorre a partir de entrecruzamentos de diferentes abordagens conceituais, mas que constituem *corpus* enigmático e provocante. O *camp* de Susan Sontag (1987), por exemplo, é algo assim, que aborda esse exagerado casamento bufônico entre o requinte do luxo ao desprendimento do lixo. Um paradoxo? Talvez! A noção de *camp* atualiza o corpo na moda como encontro frutífero e, ao mesmo tempo, ultrapassado entre realidade e aparência (Garcia, 2004a, p. 147-162).

Sendo assim, liquidação, oferta, desconto em lojas e butiques é algo que os(as) senhores(as) da moda abominam, pois acredita-se que ocorre a desqualificação no fazer por parte daquele que assina – o estilista. Pressupõe-se que liquidar, ofertar, descontar é minimizar o valor venal dos objetos como giro de capital, tendo em vista que a comunidade discursiva que assina a moda, nesse caso, o estilista, aproxima seu trabalho autoral de um fazer poético, estético, plástico. Longe da perspectiva inocente e/ou romântica, salientamos aqui a funcionabilidade discursiva – para refletir sobre essas questões que também tocam o corpo contemporâneo –, implementada pelos enunciados capitais do mercado empresarial, que investe pesado na produção e na comercialização da moda.

Lembramos ainda que, como já salientamos, nesse mercado, o lucro deve ser mantido como condição adaptativa de nuança, ou seja, não se mostra explicitamente. Arriscamos dizer que a poética da assinatura que inscreve moda/corpo no contemporâneo sofre uma rasura capital quando oferece, nesse plano, o discurso da oferta como razão do mercado. Quanto mais famoso o estilista ou a grife, mais caro torna-se o valor do empreendimento. Portanto, o que está em alta é o valor que nomeia o objeto, distante de qualquer outro traço. Diante disso, quanto maior a repercussão da assinatura, melhor o rendimento.

Convém-nos mencionar que a relação moda/corpo nesse contexto amplia seus matizes midiáticos de representação, experiência e subjetividade, quando a mídia explora, enfatiza e supervaloriza a imagem do corpo como moeda corrente dos anúncios publicitários. Um corpo lançado na mídia, sobretudo na mídia especializada em famosos, é considerado um produto venal significativo, na ordem do dia para se tornar uma personalidade conhecida efetivamente. Ainda que tudo seja mercado, há diferentes níveis, graus e patamares que exigem discursos diferenciados. Conforme Danilo Barata (2004, p. 391-392) observa:

> O destaque dado ao corpo humano na sociedade atual, principalmente no universo da moda e da publicidade, constitui objeto de constante reflexão e pesquisa artística. Os padrões estéticos ditados pelo mundo

fashion vão além da prescrição do vestir, interferindo na construção social do corpo. Tais padrões, tornando-se pontos de referência, lançam o homem numa procura desenfreada de "espelhos externos", fetiches de uma sociedade de consumo, que possibilitam a construção de uma imagem ideal. Assim, o homem ocidental rende-se a estilos muitas vezes impostos, sendo seduzido pela mídia a "comprar" modelos físicos, distante de sua realidade.

E complementa:

> Numa tentativa de autovalorização, o mundo das aparências criado pelos sistemas da moda e da publicidade se apropria da permanência do objeto artístico, fazendo constante referência e buscando inspiração em obras de arte consagradas. No entanto, tais esforços não conseguem sobreviver ao imediatismo de uma sociedade que se rende aos fenômenos midiáticos. Curiosamente, a necessidade de se expor em conformidade com os padrões corporais do momento, busca sua validação em representações de mitos televisivos e imagens que são efêmeras ao extremo, caracterizando assim a obsolescência do corpo, que passa a estar em constante necessidade de atualização. Essas corrida por padrões cada vez mais distantes e inatingíveis gera um imenso vazio que potencializa a eterna insatisfação do homem moderno.

Ironicamente, a regra diz que é preciso estar sempre atualizado com os trajes da moda. Nada mais ultrajante do que aparecer em um evento social ou em uma festa com o vestuário roupagem de ontem. Acompanhar, paulatinamente, as mudanças que enlaçam o público consumidor no terreno da moda requer derrubar uma série de obstáculos culturais e capitais, em razão da cadeia de novidades. Nesse universo, a representação da moda ganha o contexto enunciativo no esforço de manutenção e atualização dessa inscrição sociocultural, que deve estar modelada em contextos específicos de interações sociais e culturalmente estruturadas.

Tanto para leigos como para iniciantes, a difícil entrada no mundo da moda é a difícil capacidade de manutenção desse *standard* artificial. É importante observar que, como ordem institucional, a moda é bastante violenta e agressiva nesse sentido, pois tem-se a impressão de que há um marcador do significado dos discursos proferidos e canonizados pelo sistema hegemônico, segundo o qual todos devem estar atentos aos vestígios que climatizam e ambientam o *new looking*.

No entanto, subverter esses paradigmas da lógica formal da moda pressupõe demonstrar certa habilidade na variação discursiva presente nas categorizações críticas de roupa, corpo, imagem e linguagem. Ou seja, existe a necessidade de (des)construir as noções aceitas socialmente como etiqueta do universo da moda para o corpo "perfeito". A extensão poética da moda ultrapassa o lugar que enuncia os modelos. Das divas às *drag queens*, essas categorias inscrevem em seus corpos diferentes representações intersubjetivas que competem entre si.

De modo geral, os corpos de modelos veiculados pela publicidade redimensionam a contemporaneidade da forma, pois a tonicidade presente visa instaurar a imagem hermeticamente disforme da realidade aparente. A pose bem estudada (para a fotografia ou o vídeo) ou os trejeitos ensaiados (para o desfile ou a entrevista) são elementos circunstanciais, que tendem a eliminar a distância entre corpo e imagem corporal. A performance do gesto, portanto, auxilia nessa diluição e enriquece a possibilidade de exibição de um corpo mais plástico. Interessa-nos destacar aqui a condição adaptativa – provisória e alienante – desse corpo que a moda anuncia. Contudo, esses modelos têm introjetados em seus corpos a argumentação enunciativa de vida saudável – o *health*. A manutenção da imagem corporal faz proliferar um arsenal de idéias sobre o corpo "perfeito". Difícil desconsiderar que, na moda, há a indústria do regime alimentar, que condiciona a relação de biopoder entre corpo e forma (ver o Capítulo 2).

No trânsito midiático de cinema, televisão, jornal, revista, as divas representam o exercício constante da imagem bela, que voga fazer arranjos, encantamentos, alegorias, enfeites (mais do que se arrumar para sair). Tudo para obter harmonia coerente no vestir. Ornamentação básica e necessária. No *boom* da moda, elas expressam a sabedoria da composição do vestuário, em que o corpo surge como invólucro. Grifes, jóias, cosméticos, perfumes e etiquetas são apetrechos necessários, que dão o toque essencial à mudança – as transformações na dimensão visual pública e privada. As divas também se recompõem com pequenos truques postiços – perucas, cílios, lenços, batons etc. Elas são fortes centelhas da moda revitalizadas pelo radar sensível da escolha e da seleção dos figurinos adequados a cada cerimonial.

Como irreverência da indústria do corpo "perfeito" exigido pela moda, surgem as *drag queens*, investidas em uma linguagem caricaturada da *pin up* (mulheres imaginadas pelos produtores de histórias em quadrinhos – HQs). Dar vida, ou melhor, dar corpo a esses enunciados contemporâneos de linguagem implica considerar as nuanças do mercado da moda em suas fendas. Tentamos aproximar, nessa discursividade acerca da moda, a imagem híbrida composta na indumentária das *drag queens* às críticas subjacentes ao *fake*. Esse último pode ser visto/lido como *approach* descartável da montagem, em especial na mídia, que evoca a (des)materialização corpórea. Dessa forma, *corpo, mídia e representação* compõem-se de um exame preciso às variantes poéticas dos códigos da moda.

Para saudar tanto a moda como os modelos, as divas ou as *drags*, o cineasta espanhol Pedro Almodóvar se utiliza de vários subterfúgios e incrementos que atiçam o lugar explosivo dessa imagem corporal contemporânea, seja no cinema, no rádio, na televisão, no jornal ou na revista. Apenas para citar um exemplo, quem não se lembra de seus filmes e as caricaturas paródicas com cenas inusitadas e hilárias? Quem não se recorda das cores impressionantes e enigmáticas dos filmes de Almodóvar?

O homem, de modo geral, preocupa-se há muito com a exuberância da aparência corpórea. A história e a antropologia ajudam a relembrar (e, estruturalmente, categorizar) vários fatos marcantes sobre as grandes entradas triunfais de reis, rainhas, nobres e majestades. Figuras invejadas pela ousadia no vestir e em ditar a moda, particularmente no circuito do reinado e da cidade, como expectativa de veneração/adoração do povo, para o povo. Novamente, desde os tempos das cavernas à atualidade, observa-se o grande fascínio pelo outro a partir do "sucesso" da performance corporal e da moda. Seguindo esse fenômeno, na cultura do artifício, talvez, o corpo "perfeito" pode gerar maior sociabilidade para os poucos "descolados"! Portanto, veneração/adoração tornam-se respostas provisórias ao chamado da performance corporal na cultura contemporânea do consumo.

Tatuagens, *piercings*, cabelos, adereços, vestuários. O que cai bem ao corpo ou o que suscita os lançamentos? A moda expõe os caprichos dos estilistas, que impressionam o público com suas incursões criativas, inimagináveis. Vestido, camisa, calça ou saia são peças que, combinadas com os acessórios (anéis, pulseiras, sapatos, bolsas), revelam a intenção precisa do corpo.

A exuberância do tecido e seu (re)corte destacam e ampliam a noção de corpo, sobretudo no contemporâneo, quando somos feitos mais para sermos mostrados do que necessariamente para sermos sujeitos da história. Estamos muito mais para a visualidade. Nesse sentido, Lipovetsky (1989, p. 145) registra que:

> como a publicidade, a moda nada diz, é uma estrutura vazia, por isso é um erro ver nela uma forma moderna do mito. O imperativo da moda não é narrar ou fazer sonhar, mas mudar, mudar por mudar e a moda só existe através deste processo de desqualificação incessante das formas.

Afinal, vivemos a sociedade do espetáculo, da imagem, da informação da tecnologia, da corporeidade. Nascemos no sucesso, estreamos na sala de parto e vivemos nosso *reality show* permanente. Há muito, o artista plástico Andy Warhol proclamou que no futuro teríamos nossos quinze minutos de fama, agora, a nova ordem é estar eminentemente *em evidência*: a moda faz isso!

Moda brasileira: especificidades

A polissemia da moda internacional reverbera a justaposição de idéias como algo inacabado. Essa possibilidade do inacabado reflete o processo de criação dos estilistas cujo percurso está se encaminhando – em desenvolvimento. Portanto, não se trata da chegada nem da morada, mas da andança, a imagem da busca incessante. A mercantilização aberta de moda/corpo demonstra a sujeição epistêmica do consumo contemporâneo, influenciado pela mídia.[4]

Partimos dessa premissa de (re)significar incessantemente a relação corpo/moda para sintonizar nossas impressões conceituais com relação à moda brasileira e sua relação com o corpo. Observa-se um celeiro de idéias criativas dispostas na (des)construção de corpo e moda mais que selvagem, primitivo, tropical acerca das "coisas" do Brasil. As variantes discursivas dessa (des)construção ponderam a mediação entre moda/corpo como circunstância sociocultural. Os critérios de vincular bom gosto e sensatez percorrem o grau de excelência para contemplar a produção cultural de moda/corpo atualmente. Mais que uma fauna de imagens herméticas e plurais, a moda brasileira parece ter vindo para ficar!

Fica evidente que apontar raízes de uma moda nacional, legitimamente brasileira, é utopia insana – um não-lugar, pois o território de qualquer criação poética, estética, plástica sofre contaminações. Ou seja, deve-se considerar que a moda brasileira recebe influências externas, sobretudo em tempos de globalização. O mercado investe-se de traços identitários que possam suscitar metamorfoses desse conjunto (corpo/moda) brasileiro, no entanto, são as predicações desse chamado mercadológico que (re)inscrevem vertiginosas combinações que esbarram na diversidade

---

[4] Importante também é a divulgação espontânea de pessoas influentes na mídia internacional que simpatizam com o Brasil. Podem alardear a fecunda criação desses estilistas, pois os criadores da moda brasileira passaram a ter repercussão na imprensa especializada do mundo inteiro. Mario Testino, por exemplo, um dos mais requisitados fotógrafos de moda mundialmente, é um entusiasta apaixonado pelo País.

luso, latina, norte-americana, afro-descendente. Assim, o estado híbrido na cultura contemporânea da moda e do corpo brasileiro apenas equaciona a (re)dimensão restritiva que, por vezes, tende à proposição assertiva com a qual possamos prever um quê diferencial – não muito específico ou um tanto identificável – dessa possível moda brasileira.

Passarela, pista, clube, boate, disco, em lugares que o corpo e a moda brasileira vivem seus dias de euforia e de frivolidade e abraçam o mundo para detonar, para abalar, para balançar. Contudo, assim também podem ser vistas/lidas as demais partes do mundo, em que a vanguarda da moda experimenta a vanguarda da música eletrônica, *techno*, digital. São combinações que comungam no espaço intermediário da contemporaneidade. A moda brasileira parece vivenciar, hoje, a ebulição de idéias, de conceitos. Febres criativas, sem marasmo. Sem trabalhar com estereótipo, arriscamos considerar que a roupa brasileira é para quem gosta de moda. Unanimidade nacional, ela conquista territórios internacionais. São peças temáticas e conceituais, sem abandonar a idéia de fazer coisas para serem vestidas.

O ar inovador quebra o ritmo das vestimentas com o despojamento da moda mais casual e cotidiana, trazendo um nível "desencanado" dos corpos às produções díspares. É justamente o despojamento, a informalidade e certa vocação para o efêmero que fornecem identidade híbrida à perspectiva hermética da moda brasileira, aliada à forte indústria de *jeans* e moda praia. Essa última, por exemplo, ajusta a climatização brasileira, diante dos efeitos tropicais, e aponta o *skate* e o *surf*, entre outras tantas tendências jovens, como categorias de vestuários. Mas, afinal, o que impera, de fato, como moda brasileira?

A crescente demanda por novidades, com a aceleração do mercado capital pela globalização, instiga, cada vez mais, a produção profissional ativa e amadurecida, sem medo de investir nas aberturas de novas tendências. Porém, observa-se o controle que assegura o domínio acordado nessa produção cultural da moda, em uma precisão técnica operacional que (re)configura a imagem do corpo "perfeito". Essa moda brasileira mostra seu próprio estilo, que se internacionaliza rapidamente, e do profissionalismo, sem o que os excelentes tecidos produzidos no País, por exemplo, não deixem de concorrer com a invasão de marcas estrangeiras de olho no mercado consumidor nacional.

Os estrangeiros são tomados de assalto pela contemporaneidade da criação nacional, frustrando a expectativa de encontrar aqui nada além de roupas de folclore. Identificar oportunidades nos mercados interno e externo faz parte das estratégias do mercado de moda brasileiro. O setor de moda passa por intenso processo de transformação com a expectativa de profissionalização. Assim, parece haver uma crescente oportunidade de trabalho em confecções e tecelagens, varejo (lojas de departamentos, hipermercados e franquias), empresas de assessoria e consultoria de comunicação de moda e empresas importadoras e exportadoras.

Sem cessar, a indústria da moda brasileira existe em uma espécie de exercício frenético do processo de criação autoral, em que nada se cria nem se copia. De fato, tudo se transforma, conforme a necessidade. Um hipermercado estético, voraz! O dito bom gosto e a peculiaridade de inaugurar ou acompanhar as novas tendências funcionam como injeção de ânimo que aceleram a concorrência no mercado. A indústria tecnológica do tecido, por exemplo, estuda diferentes tipos de materiais, cores e linhas. Do tecido algodão ao sintético, couro, plástico. Recorte preciso e inaugural. Esses profissionais utilizam formas e peças para assinar, claro, sua diferença.

Observar e ponderar sobre as ações profissionais que integram todas as etapas do desenvolvimento do produto, da criação têxtil à exposição em loja. Assim, o talento dos profissionais pode ser excepcional, pois a concorrência é cruel. Do ateliê à cadeia industrial da moda, a mão-de-obra especializada no setor da indústria têxtil e da indumentária absorve desenhistas, projetistas, *designers* de moda, estilistas, modelistas, figurinistas, costureiras, produtores, empresários, vendedores, modelos etc. O desenvolvimento dessa área profissional e mercadológica projeta a nova condição adaptativa de seus atores sociais (com seus corpos "irreverentes") para a inscrição da moda no Brasil e no mundo.[5]

Talvez essa seja a imagem que a moda brasileira venda aqui e lá fora – o corpo e sua irreverência. Um misto de exotismo, bronzeamento, erótica e desejo. Na verdade, isso torna-se um risco, certa "propaganda enganosa", quando se exteriorizam as expressões culturais do corpo para adentrar o contexto profissional da espetacularização do vestir.

Embora rápida e vertiginosa como amor de carnaval, a moda tenta guardar suas permanências. Essa tentativa, de fato, confirma o estado efêmero da moda no grau de excelência que prescinde as não-permanências. A mais forte delas tem sido seus territórios de criação e inspiração para o resto do mundo. Paris, Londres, Milão, Nova York, Tóquio ou São Paulo formam o cenário internacional da moda em sua predileção de tendências, debates e idéias. Vale julgar que, depois dos(as) modelos, o estilismo de moda brasileiro propõe ganhar destaque nas passarelas internacionais. De modo efetivo, o Brasil está em alta na moda, assim como a moda observa um país de juventude.

A previsão é de que possa surgir uma nova onda de modelos e de estilistas. Mais e mais jovens atinam agora para o *it* provocativo da moda como espaço de experimentação contemporânea, e a moda estrangeira serve apenas como referência do que acontece em outros países. Se há desafio ou sorte nesse caso, os jovens estilistas repousam seus trabalhos no feliz encontro de fatores que concorrem para a moda feita no Brasil, para que possam se emancipar e ser arremessados para além de nossas fronteiras territoriais. Uma transformação substancial acontece na moda brasileira.

Aquela impressão negativa de que o importado é melhor parece ter desaparecido da cena da moda. Essa ilusão sobre o importado foi para o

---

[5] De acordo com a Associação Brasileira da Indústria de Confecção (Abit), entidade responsável pela intermediação de interesses e demandas do segmento com o Governo, só o setor têxtil faturou US$ 2 bilhões no ano de 2000. No *ranking* nacional, é a segunda maior indústria do País e o quarto produtor mundial. A Abit informa ainda que, em 2001, o setor gerou cerca de 20 mil postos de trabalho. A indústria têxtil e de confecção respondem por quase 5% do Produto Interno Bruto (PIB) do país e empregam 1,6 milhão de pessoas. O Brasil é o terceiro País produtor de malhas e o sétimo de fios e artigos confeccionados. Sua posição no comércio internacional, porém, ainda é acanhada: pouco mais de 0,2% do total das exportações e importações.

front e tornou-se *over*. Agora a "onda" é por aqui mesmo. Finalmente, nossos criadores passaram a acreditar no fôlego da identidade brasileira para transpor limites fronteiriços distantes da terra *brasilis*. A cada dia, fica mais remoto o tempo em que éramos copiosos, plagiadores paródicos, da moda européia ou norte-americana. A paródia aqui, segundo Hutcheon (1985) deve ser vista/lida como cópia com diferença.

O Brasil, agora, passa a contar com um calendário de moda, e os lançamentos deixam de ser iniciativas isoladas, ganhando unidade, regularidade e uniformidade, pois produzem a valorização da moda como negócio, o desenvolvimento do setor têxtil e a qualidade inquestionável da matéria-prima nacional. O calendário existe há cerca de cinco anos, mas só recentemente adquiriu dimensão internacional com eventos pontuais como São Paulo Fashion Week, Rio Fashion Week, Amni Hot Spot (considerado o desdobramento do antigo Phytoervas). As edições contêm elementos surpreendentes, cada vez mais diferenciados. Os estilistas abandonam a preocupação com acontecimentos estrangeiros e ocupam-se mais do desenvolvimento de seu próprio trabalho. São Paulo, então, sagra-se pólo irradiador da moda do Brasil e da América Latina para o resto do mundo. Tudo isso tem contribuído para a projeção interna e externa dos estilistas brasileiros.

Em matéria de afirmação estética e realização de negócios, esses eventos são suntuosos e têm suas edições anuais, quando oficialmente lançam coleções de inverno e verão para milhares de pessoas. Os estilistas têm a brasilidade como tema recorrente e criativo, nas últimas coleções. Observa-se a faceta mercadológica do prestigioso avanço desses eventos em prol de uma assinatura pontual. Há parcerias organizadas pelas marcas e pelos estilistas, que se complementam em forma de cooperação mercadológica para reagir aos ditames de estilo, conforto, segurança e acesso à informação. Na moda, não se mostram os bastidores, apenas o *grand finale*, que ameaça e induz!

Na passarela, o público pode (re)considerar diferentes tipos de empreendimentos, do ateliê à indústria, de jovens artistas com produção artesanal até empresários que exportam e fornecem para lojas multimarcas no Brasil inteiro.

Depois de nossas famosas *top models*, agora chegou a vez de os estilistas emergirem no cenário da moda. A criação de moda brasileira entra para o calendário internacional com passos firmes. Estilistas brasileiros, de modo geral, são observados bastante lá fora em termos de criação. Mais do que os materiais artesanais ou tecnológicos, o que faz a diferença talvez seja a versatilidade e a diversidade no seu uso, na composição dos tecidos e no jeito de criar moda.

A força da nossa herança cultural tem servido de fonte de inspiração, como mostra o trabalho de nomes recorrentes na moda como Alexandre Herchcovith, André Lima, Carlos Miele, Fause Haten, Fernando Pires, Glória Coelho, Inácio Ribeiro, Lino Villaventura, Marcia Ganem, Mário Queiroz, Ocimar Versolato, Reinaldo Lourenço, Ricardo Almeida, Ronaldo Fraga e Walter Rodrigues, que transformam linhas, tecidos e outros materiais com originalidade na assimetria e contraste de cores e desenhos.

De modo geral, a inscrição de qualquer estilista de moda deve ser (re)conhecida pela irreverência e pela audácia nas cores, formas e estampas: brasilidade peculiar que está para além do samba, carnaval e futebol quando (re)dimensiona sensualidade, mestiçagem, cultura popular entre outras influências. Ao confeccionarem suas criações, esses estilistas unem a parceria de talento, criatividade e originalidade à tecnologia de ponta da indústria têxtil. A moda brasileira, como produto cultural, tem sua linguagem particular e, ao mesmo tempo, global, aposta no futuro de produtos com bom *design* e qualidade. O apoio de empresas e escolas tem sido vital à projeção desses estilistas.

A boa fase da moda brasileira também pode ser observada por meio dos atuais cursos de formação profissional e universitária nessa área, no País, e dos empreendimentos nos grandes eventos brasileiros de moda, que têm a finalidade de revelar a criatividade de jovens talentos do estilismo. Esses cursos[6] preparam os alunos para conhecer, em profundidade, os aspectos

---

[6] Além disso, esses cursos estimulam: a estudar e a conhecer a história do vestuário e da moda ao longo do tempo, sua relação com o desenvolvimento cultural (mudanças, inovações), as artes e os grandes nomes da moda, desde a pré-história até os dias atuais; a adquirir também experiência sobre volumes, cores, formas, fibras, tecidos, ornamentos e complementos que compõem estilos e maneiras de se vestir no mundo ocidental; e habituam o aluno a identificar fontes de pesquisa para o conhecimento da história do vestuário e da moda.

que envolvem o empreendimento de moda, desde o seu contexto socioeconômico e cultural até os processos de produção e comercialização de suas empresas, dos desejos do consumidor à necessidade de lucro das empresas.

A partir desse novo milênio o mercado da moda brasileira fixa-se como um momento bastante afirmativo no que diz respeito a identidade, criatividade, profissionalização e reconhecimento, e se restringe ao circuito tradicional da moda internacional. A chave do segredo pode estar, nos trilhos dos indicadores mundiais globalizados, que acrescentam a mistura de tecidos, formas e doses generosas de sensualidade, cor e alegria, para obter, ao final, algo que seja "a nossa cara". O descobrimento das *top models* Gisele Bündchen, Caroline Ribeiro e Fernanda Tavares evidentemente atraiu o olhar estrangeiro sobre nós. Mas, talvez, uma brisa latina possa soprar por entre a moda neste momento, invocar um maremoto de (dis)junções e atestar silhuetas curvilíneas e de qualquer cor, desde que clara e exótica. Quem está ávido para conferir se *miss* Blow carregou nas tintas? O crítico ou o salto alto!

A moda brasileira traduz o anseio coletivo de esquecer o que é básico e mergulhar em uma viagem escapista em busca de ricas combinações de cores e texturas. Esse cenário, em que imperam os detalhes, deve surgir nas passarelas atuais. Não existe a possibilidade de se pensar apenas o básico, as superfícies estão trabalhadas, ricas, repletas de texturas. Parece que há a vontade de ser menos minimalista. Tendência para o momento? Talvez!

Cada vez mais, no Brasil e no mundo, há opiniões e seus contrastes. Enquanto os compradores e lojistas focam-se no perfil de seu público, a mídia mira no que é novo, inédito, recente, fresco e surpreendente, embora, muitas vezes, essas visões possam ser muito antagônicas. A criação de jovens estilistas, porém, funciona como antídoto contra a massificação e a garantia de um olhar contemporâneo para a moda brasileira. A presença dos novos é fundamental. O que os mais jovens fazem é quase exclusivo, é uma moda *speciality*. O olhar jovem tem algo conciso. O trabalho deles é algo em andamento, nada é muito arrematado, mesmo quando carrega nos detalhes. E só consegue esse olhar quem tem menos de 20 anos. Embora nem tão adolescentes assim, as grifes que estréiam no Brasil exibem as revelações mais recentes. Em conformidade com tudo isso está o pensamento de Villaça (1996, p. 281):

> É neste labirinto, onde ecos de numerosas vozes se cruzam em profecias e vaticínios, que procuramos pensar a questão da moda ligada a corpo/sentido e imperfeição. Em que medida a moda, dentro desta estetização geral, participa de um esquema de poder e dominação, e em que medida pode propiciar movimentos de diferenciação, verdadeiros pontos de fuga, renovação e invenção de um pensamento não enclausurado na consciência, na mente, no conhecimento. Tradicionalmente vista como sistema de representação rígida distintivo das classes, profissões etc., adquire hoje o sentido de uma estratégia corporal na busca de mais expressão, propiciando movimentos de simulação e dissimulação, aumentando o poder do corpo de afetar e ser afetado.

Assim, a expectativa de enunciar algumas inscrições sobre o mercado da moda brasileira soma-se aos efeitos necessários para pensar conceitual e criticamente as (de)marcações socioculturais em que a noção de *corpo*, *mídia* e *representação* surgem. Nessa perspectiva, observamos algumas malhas (inter)textuais que atualizam a fina e delicada rede de conversação entre corpo e moda.

Para concluir este capítulo, tomamos emprestado a frase de La-Bella (2004, p. 417):

> A roupa é objeto de indagação, provocação e questionamento. Ela transforma, dá destaque ao corpo como corpo vestimenta, nos mais variados sentidos que essa definição possa assumir.

5

O corpo no esporte

A combinação de corpo e esporte ocorre diretamente pela competição. Existe um fascínio na disputa esportiva. O vencedor ganha o troféu ou, melhor ainda, a disputa demonstra o valor esportivo do campeão. Ao coordenar habilidades e técnicas do esporte, a destreza do corpo atlético requer a demonstração do aperfeiçoamento adquirido no treinamento. Ou seja, a prática esportiva eleva as considerações ideais para a competição. Qualquer vencedor no esporte necessita de critérios determinantes e definidores de uma performance diferenciada desse corpo. Para além da espetacularização pública/midiática, a exibição do corpo inscreve o atleta na cena esportiva.

A dinâmica deste capítulo, em especial, objetiva tratar de mecanismos discursivos que ajudam a ampliar o conhecimento e a prática do jornalista, dos pesquisadores e dos demais profissionais da área da comunicação da cobertura esportiva como exercício midiático sobre o corpo competitivo.

Portanto, esse exercício midiático reverbera traços (inter)subjetivos da imagem corporal elástica que magistralmente ultrapassa a dimensão de ginástica rítmica performatizando a dança autoral da atleta Daiane dos Santos.

Tomamos como objeto de leitura a noção de corpo para nortear o instante preciso das marcações visuais (técnica) dessa atleta, que agracia o público/torcedor. As coordenadas entre corpo, esporte e mídia são circunstâncias operacionais, em que a notícia elabora diferentes transversalidades contextuais. Desse modo, perguntamos: é possível pensar algum esporte sem o uso do corpo? E, principalmente, é possível a mídia relatar um fato esportivo sem a representação do corpo? Como pensar a imagem midiática em que o corpo destaca-se como arma esportiva?

Segundo Lee-Manoel (2001, p. 40-41):

> O corpo em movimento manifesta emoções/sentimentos e estados subjetivos internos do indivíduo, que muitas vezes passam despercebidos, tanto para o observador quanto para o sujeito. Falar sobre nossos sentimentos é menos comum do que revelá-los espontaneamente através do corpo e/ou do corpo e seu movimento. Até mesmo experienciando conflitos, que são gerados naturalmente na prática esportiva, pode-se aprender estratégias para solucioná-los, sozinhos ou com a ajuda de um juiz ou professor.

Nessa vertente, a matéria jornalística (a reportagem) recorre ao corpo esportivo da garota como mediação entre objeto e produto. Efetivamente, ela não atua, apenas realiza sua ginástica artística. Assim, este capítulo discorre sobre a representação do corpo contemporâneo nas suas múltiplas configurações no esporte e na mídia, enquanto articulação de estratégias discursivas. Essas estratégias são mecanismos de enunciação que (re)instauram a condição adaptativa do corpo como objeto de linguagem, uma vez que a imagem corporal se adapta aos fenômenos esportivos. Para isso, esta proposta de leitura crítica do corpo na mídia (sobretudo a esportiva) apóia-se no campo das teorias críticas contemporâneas, com ênfase nos estudos culturais. É preciso adentrar o universo da indústria cultural para (re)considerar criticamente, de maneira contemporânea é claro, os valores extrínsecos e intrínsecos que a mídia perpetua na (des)construção mercadológica dessa imagem do corpo esportivo.

As (trans/de)formações do corpo contemporâneo no esporte espalham a peculiaridade tenaz, capaz de incitar a platéia com a elaboração de vestígios imagéticos, de acordo com a escritura estabelecida pelo trabalho de Daiane. Observamos a representação do inusitado enigma transcorporal no registro dessa coreografia visual que a atleta realiza com graça poética. Balançar o corpo ao embalo de uma rítmica multiforme e sensibilizar o público, ao mesmo tempo, não é tarefa fácil. Tentemos descrever aqui as sutilezas audaciosas que a performance contemporânea dessa atleta e seu corpo visual ressaltam como um *entre-lugar* – espaço de (inter)subjetividades. Conforme observamos (Cunha, 2003, p. 13):

> (...) da mesma maneira que o esporte realmente amador ou de tempo livre contém características de autonomia e naturalidade da atividade física, esta pode ser contaminada, em sentido contrário, pelo espírito mercantil e competitivo do esporte profissional e dos espetáculos, tanto quanto por atitudes fúteis e de consumo conspícuo, estimuladas pela moda, pelos meios de comunicação de massa e publicitários. (...) Em síntese, além de ser uma mercadoria ou serviço útil, de possuir um valor econômico, de troca, o consumo tem adquirido valores de símbolos ou de signo: de integração imaginada, de satisfação psíquica e de qualificação social pela moda, em resposta aos apelos do sistema de produção e consumo.

Dessa forma, a noção de corpo no esporte percorre uma (dis)junção de discursos e enunciados díspares do mercado e da mídia para potencializar as variantes da malha (inter/trans)textual, marcada na área da linguagem. Essa (re)configuração do corpo no esporte e no jornalismo permite maior flexibilidade competente para agenciar/negociar o lugar do corpo na cultura contemporânea como eixo de *transcorporalidades*, conforme anunciado anteriormente. Buscamos desempenhar a leitura crítica do corpo contemporâneo na esfera da comunicação, da mídia e da linguagem.

Esse conjunto de inquietações insere o recorte conceitual do imaginário, da intertextualidade, da fronteira, da poética e da subjetividade, objetivando, em uma atitude crítica, indagar acerca da manifestação da corporalidade contemporânea como espetacularização midiática – em processo aberto, constante. A dinâmica conceitual desse enfoque sobre *corpo, mídia e representação* traduz-se, aqui, na interface com o corpo esportivo, ou seja, um corpo apto para a competitividade. Em outras palavras, um corpo público mediador de força, destreza e de outras tantas qualidades competitivas.

Assim, as considerações aqui expostas visam apontar a qualidade da informação para promover o debate sobre a noção de corpo na área de comunicação, em especial na cobertura direta do jornalismo esportivo, em benefício assertivo do público. Ao atrelar as armadilhas que registram o discurso midiático, insistimos na cobertura descritiva de imagem preciosa do corpo de Daiane dos Santos, que adere força e destreza em um enorme espetáculo de harmoniosas contorções.

Maravilhados, todos querem assistir à ousadia performática de Daiane como quem vê/lê uma peça, um filme, uma novela, uma cena, uma história, uma narrativa. Seu pulo ginástico derruba barreiras, quebra recordes e apresenta uma graça angelical, com efeito, o sorriso maroto e feminino. Por que não? Uma pequena doce menina cresce e transforma-se em uma grande dama divina!

Direcionamos, portanto, este texto ao leitor interessado na (dis)junção representacional dos discursos midiáticos sobre o segmento esportivo, em razão da crescente demanda do mercado de comunicação esportiva, visando à atenção privilegiada ao corpo. Força, determinismo, disciplina e talento são fatores corporais/comportamentais concretos que auxiliam na disposição dos resultados desportivos. Diríamos que o rendimento esportivo ocorre com o aprimoramento de técnicas que aperfeiçoam a performance e a suportabilidade do dispositivo corporal. Quais os limites que o impulso físico corpóreo de Daiane é capaz de atingir? Em que meta podemos pensar para o salto magistral dessa atleta?

Assim, ajustar as necessidades aos novos propósitos tecnológicos faz parte de uma série de regras que compreendem a performance corporal esportiva, tendo em vista a flexibilidade para alcançar índices cada vez maiores.

Testes de bioquímica, biomecânicos, fisiologias, anatomias auxiliam na construção otimista de metas esportivas que garantam o retorno significativo do ponto de vista das oportunidades. No entanto, a adequação do uso de aparelhos e de acessórios esportivos, vestuários (uniformes), além da alimentação balanceada, otimiza a disposição esportiva da atleta. Melhorar a qualidade da performance esportiva sempre faz parte do jogo.

As impressões sobre a noção conceitual de corpo e jogo nesse contexto devem também servir como aporte para organizar a dimensão metodológica da ginástica artística de Daiane dos Santos. Inevitavelmente, a constituição físico-anatômica também insere a parcialidade de dados concretos para o significativo deslanchar de uma atividade esportiva. Ao elencar corpo e jogo, investe-se na (re)apropriação de estruturas presentes na cena contemporânea que agenciam/negociam os instrumentos conceituais.

Essa experiência de leitura crítica da ginástica artística contemporânea internacional com o uso da teoria do jogo pode ser também observada no trabalho de Bernadette Lyra (2001, p. 13-14), ao exemplificar a imagem fotográfica do salto da romena Andrea Raducan, nas Olimpíadas de Sidney, na Austrália, em 2000.

> Às vezes penso que é temerário falar sobre lúdico, sobre jogo, sem um acordo prévio com meus interlocutores. O termo jogo é perigoso, uma vez que, nele, segundo o lugar-comum e a idéia de muitos, detectam-se apenas ressonâncias de atividade gratuita ou *performance* voltada ao lazer. E, com efeito, uma das características do jogo é que ele não conduz a nada – nem bens nem obras, ele é essencialmente estéril. Mas, por outro lado, trata-se de um termo que nomeia um sofisticado e complexo sistema de mediação, conforme se pode ver em apontamentos teóricos que pretendem que o jogo seja indispensável ao desenvolvimento das manifestações culturais [e desportistas] em cada sociedade e ao desenvolvimento intelectual dos indivíduos.

A teoria do jogo incorpora a potencialidade criativa que estimula a observação do binômio tensão–distensão na prática esportiva de Daiane, como Lyra observou em Andrea Raducan. As exigências de uma articulação eficiente na ginástica artística devem promover a rígida esquematização de exercícios físicos estruturados pontualmente, o que pode ser enumerado como forma. Porém, esse sincronismo perfeito entre o movimento e a música, por exemplo, deve estar registrado à graça instigante da concorrente. Assim, estreita-se o artifício instaurado pelo/no corpo que elege a (dis)junção subjetiva entre tensão–distensão, em que o prolongamento dos membros da ginasta deve desdobrar, harmoniosamente, as matizes da forma materializada pelo objeto–corpo. Em um mesmo instante, preparação e execução de corpo como instrumento de linguagem visual são momentos que não se alternam, pois aderem-se como única iniciativa.

Diante dessa premissa, considera-se que onde se inscreve o jogo há uma série de elementos como as jogadas, o lance, bem como os jogadores, que podem ser descritos como atores sociais, além dos juízes, é claro. O jogo pode ser individual ou coletivo (parceria/equipe/time), visto que pode ser confrontado com adversário(s) ou ser separadamente jogado sozinho.

Já as regras do jogo são normas exigidas por todos que padronizam e estabelecem as relações entre jogadores e jogadas com seu devido mérito de pontuação (positiva e/ou negativa, dependendo de cada situação). Assim, também, o campo configura e dimensiona a infra-estrutura física e espacial do jogo como lugar da disputa. O campo estende-se às linhas fronteiriças do território espacial, como um estádio de futebol, uma quadra de basquete, uma mesa de tênis ou uma barra dupla de ginástica. Nesse conjunto, o tempo torna-se fator fundamental para determinar a duração das jogadas, conforme suas estipulações previamente inscritas. As diferentes bolas, redes, lanças, barreiras, entre outros, são os objetos tratados tecnicamente como instrumentos para acomodar/avaliar as jogadas desses jogadores. Contudo, as bandeiras, os símbolos, as cores, os ícones são marcas que identificam a equipe como aspecto visual de aproximação entre o time e o reconhecimento dos torcedores.

Porém, se algum jogador transgredir as regras estabelecidas pelo jogo, entrará em um estado de alucinação, ou seja, estará fora do jogo pelo descontrole operacional. A alucinação implica obter um cartão vermelho, que desclassifica e desqualifica o jogador e sua jogada (maliciosa). Em outras palavras, a alucinação elimina o jogador. Ela é uma perda de pontuação e tempo. É preciso estar atento para não ter esse tipo de postura, mesmo se colocado na posição de torcedor (espectador/observador/público).

Do *play* (prazer) ao *game* (regras) muito se transforma, basta acionar a jogada para começar a experiência do jogo.

O jogo funciona como espaço de agenciamento/negociação, em que os envolvidos, os jogadores, assumem determinados papéis em diferentes modalidades. Da experiência das representações às táticas competitivas, as (de)marcações do jogo perpassam o esforço, o lúdico, o prazer como dimensões de desafios e de combates intersubjetivos. Segundo Roger Caillois (1987), há diferentes tipos (categorias) de jogos *agón, alea, mimicry* e *ilinx*, ou seja, respectivamente são jogos de competição, sorte, simulacro e vertigem.

O *agón* insere a competição como forma de combate (guerra) entre dois ou mais competidores, em que força física, destreza e esperteza marcam os melhores resultados. Em condições ideais, os adversários confrontam-se pelas rivalidades gladiadoras. Portanto, é uma categoria de característica extremamente racional do ponto de vista de sua pontualidade, pois o ganhador é reconhecidamente aquele que alcança primeiro maior número de pontos no sistema estabelecido.

Já a *alea* ocorre na expressão aberta do destino, que a sorte aponta. Mesmo que as trapaças das cartas de um baralho possam surgir, arrisca-se ao acaso pela abertura complexa da incerteza. A abertura da sorte desvenda para qualquer um o mundo do jogo, basta apenas estar em cena para jogar com o desfecho do destino que dita o resultado. A fraude sempre é descoberta, e assim o jogo deixa de estar em *alea* e volta para o estágio de *agón*.

A *mimicry* desloca o objeto do jogo pela fantasmática do simulacro/simulação, em que o jogador e o público ficam (des)orientados com o movimento constante das peças. O estado mimético instaura a porção de imitação imaginativa entre os efeitos de uma expressão, ou seja, emerge o metamorfoseamento dos objetos. Entre a imagem de uma mulher, uma *drag queen*, uma travesti, uma transexual,[1] existem muitas variantes, em que a aparência absorve a identificação, não a identidade.

Por último, o *ilinx* é uma categoria que considera o papel da vertigem no desempenho lúdico cuja leveza de um estado de estesia (des)estabiliza e (re)agrupa as jogadas. Nessa vertigem, as estruturas de jogo são móveis, flexíveis. O sensorial do corpo aborda o fascínio de uma expressão contagiosa como algo vertiginoso, que em transe roda, roda e desloca... Evidentemente que ainda assim há certo controle para não chegar à alucinação.

---

[1] Os termos *travesti* e *transexual* apresentam-se nos dicionários brasileiros de língua portuguesa no gênero masculino, em consonância com a gramática normatizada atual. Contudo, ressalvamos que esses termos são empregados, aqui, respeitando a cultura das travestis e das transexuais que consideram o feminino como noção de gênero para sua auto-identificação. Portanto, registramos que, por essa condição lingüística, sociocultural e política, essas enunciações estão destacadas no gênero feminino (Garcia, 2004a).

Como modesta passagem pela idéia de jogo, observam-se também os resultados. Após dada pontuação, os cálculos são submetidos à matemática para congratular os campeões. No jogo de competição, por exemplo, pode haver vencedor e vencido. Mais do que isso, estabelece-se uma relação sociocultural entre ganhadores e perdedores como construção discursiva do desempenho criativo no jogo, em que a tática faz emergir "novas/outras" possibilidades de resultados. Se para alguns basta competir e estar em evidência, para outros o aprimoramento físico-psicológico, ou seja, o desenvolvimento corpóreo, que possibilita um ganho extra, faz parte da instrumentalização do desempenho esportivo.

Com isso, observamos que as contribuições de conhecimento e performance condicionam e sintetizam os estigmas entre teoria e prática em um embate de trocas para reagrupar o sentido da sistemática corporal. A compreensão do corpo esportivo do atleta contemporâneo que se destaca nas provas é acompanhado pela cobertura midiática desportista, como sendo a distribuição de notícias.

Nessa perspectiva, a noção de corpo se faz na preparação do(a) atleta predisposto(a) aos treinamentos intensivos de extensas habilidades física e motora. Ao acoplá-las, o corpo atlético sobressai no ambiente da competição, uma vez que elimina as instabilidades desnecessárias dando lugar aos benefícios à prática do exercício esportivo. Para além da academia de ginástica, a consensualidade sobre a exibição do corpo no contemporâneo parece elevar a materialidade discursiva que congrega e integra a sociabilização cultural. "Os esportes de nossa época são, de fato, exercícios de produtividade, em perfeita sintonia com os princípios econômicos e valores morais que regem a nossa sociedade." (Sevcenko, 2001, p. 108). Há uma referência que paralelamente organiza os manuais de treinamento científico para esporte e a linha de maquinários para a produção industrial.

Na área esportiva, as investigações técnicas sobre o corpo contemporâneo deixam de ser apenas a imagem cultuada como "celebridade" para serem provedoras de resultantes, pois o corpo do(a) atleta é preparado para a competição e não necessariamente para uma simples exibição.

Sua espetacularização midiática é fruto de resultados satisfatórios, em que a performance deve acusar bons aproveitamentos. Caso a imagem corporal da atleta torne-se um atrativo, isso é assunto para outro debate. De modo geral, o(a) atleta investe na dinâmica de metas esportivas, em que o corpo serve como suporte/dispositivo da atividade desprendida.

Talvez na Grécia antiga fosse difícil imaginar um homem correndo na rua ou em uma praça, durante duas ou mais horas, para cuidar do próprio corpo. Mas hoje fazemos exercícios físicos até em casa. A cultura do corpo saudável transversaliza a noção de competição para dar lugar a um discurso inflamado de possibilidades mercadológicas. Os Jogos Olímpicos como evento esportivo internacional demonstram e coroam os melhores competidores do mundo. Os recordes são prolongados, de acordo com as novidades que acompanham seu registro fidedigno. De acordo com Nicolau Sevcenko (2001, p. 106):

> A respeito das Olimpíadas, aliás, vale a pena um pequeno excurso relativo à história dos esportes. Tornou-se uma prática sistemática, a cada quatro anos em que ocorrem os Jogos Olímpicos, jorrarem em todos os veículos de imprensa, alusões à Grécia antiga e descrições as mais pormenorizadas sobre como os gregos criaram os esportes, regulamentaram as competições periódicas e desenvolveram o espírito esportivo.

E complementa, ao relatar sobre os Jogos Olímpicos atuais e sua retomada tardia (p. 107):

> Num mundo em que as máquinas, para a produção ou para a guerra, haviam se tornado onipresentes em curtíssimo espaço de tempo, o esporte era o recurso por excelência para o recondicionamento dos corpos, às exigências da nova civilização mecânica. Foi esse drama de domestificação dos corpos à preponderância das máquinas que (...) Charles Chaplin condensou brilhantemente em *Tempos Modernos*.

A cobertura midiática completa desse evento pode ser, cada vez mais, mensurada pela influência das novas tecnologias, sobretudo ao descrever o corpo atlético contemporâneo. Seja por meio da captação de imagem e de som com o uso de aparelhos digitais na imprensa escrita, no rádio ou na televisão ou, ainda, na imediata transmissão dos fatos, via Internet e redes telemáticas. Precisão e instantaneidade da notícia são características produzidas pela qualidade dos avanços tecnológicos e digitais. A circulação da informação jornalística deve ponderar alguns fatores importantes, que desenham essa nova cultura contemporânea.

O trabalho da mídia nesse evento também pode ajudar a apontar erros, falhas, ou equívocos, que deveriam ser evitados. Cada matéria, cada comentário faz parte de uma profusão de debates e depoimentos que ajustam as disputas. As entrevistas tornam-se a celebração discursiva à parte. O jornalismo esportivo tem papel fundamental na troca de informações sobre o contexto olímpico de jogadores, atletas, dirigentes e patrocinadores. No âmbito das grandes marcas de incorporações mercadológicas, a técnica jornalística sobre pauta, matéria e mensagem deve privilegiar a ética, bem como manter o grau máximo de flexibilidade sobre a transmissão da notícia.

Acreditamos que, a partir dessas perspectivas contemporâneas relativas a corpo e esporte, as escolas de comunicação devem preparar seus alunos como futuros profissionais para atuar no jornalismo. As habilidades jornalísticas (redação, reportagem, edição, entre outros) e comunicacionais (transmissão, difusão, distribuição etc.) devem integrar um *corpus* de experiências flexíveis, que observem e (re)considerem as inquietações do esporte nas passagens de diferentes estilos de vida. A capacidade para gerenciar diferentes linguagens pode possibilitar o desenvolvimento mais crítico do jornalista esportivo, tendo em vista que a construção de argumentos de uma pauta se tece a partir desse olhar multidisciplinar.

O despojamento do corpo na versatilidade da ginástica contemporânea brasileira aparece em uma efervescência de movimentos (des)construídos. A visualidade repleta de giros frenéticos e assumidos inscreve-se pelo rebolado, embolado, nas marcas de um corpo que abana, balança e ginga sua dança. Em especial, a vivacidade da equipe de atletas que representa o Brasil arranca aplausos! Diante de imagens poéticas de Daiane dos Santos, o requebrado, o molejo e o sorriso cedem lugar ao diálogo vigoroso da assinatura da brasilidade sincrética. Articula-se o inevitável instante de uma escritura corpórea entre dorso, tronco, pernas e/ou quadril. Tudo junto, tudo fecundo. Tudo corpo. Na expressão da fluidez, nota-se a presença corporal como algo vital nessa imagem corporal!

DAIANE DOS SANTOS: A ATLETA

Há um corpo esplêndido solto no ar. Na imagem de um salto acrobático enfático e perfeito, a ginasta brasileira Daiane Garcia dos Santos dança com desenvoltura, audácia e coragem de forma corporal elástica. Seu ritmo alucinante de malabarismos frenéticos inscreve uma poética desportista, em que o corpo emerge como instrumento de resultados pontuais entre arte, mídia e esporte. A combinação de velocidade, agilidade, força e destreza rasga o vento na performance magistral da atleta. Essa combinação de características físicas surpreende a todos, quando testemunhamos as incrementações pontuais que elevam a qualidade de sua imagem corporal. O movimento plástico do corpo atlético lançado ao ar (des)materializa-se ao tocar o solo cujo percurso perfaz a mobilidade claramente sedutora – corpo preparado.

Entretanto, a compreensão do corpo esportivo de Daiane dos Santos, como exemplificação neste texto, acompanha a cobertura midiática desportista, sendo aqui na distribuição de notícias. É fato que existe uma série de questões que problematizam e desafiam, cada vez mais, a manifestação do corpo e sua representação, principalmente no contemporâneo.

Notadamente, durante o Campeonato Mundial de Anaheim, na Califórnia, Estados Unidos, Daiane dos Santos tornou-se a primeira ginasta brasileira a conquistar a medalha de ouro nos exercícios de solo com dois movimentos inéditos de sua autoria: um duplo *twist* esticado e um duplo *twist* carpado.² Esse último, no qual realiza um salto mortal com meia-volta e dois giros no ar, com as pernas flexionadas, recebeu a nota Super E (grau máximo de dificuldade) e foi batizado pela Federação Internacional de Ginástica com o nome "Dos Santos". A consagração do seu trabalho técnico demonstra um corpo competitivo, que expressa esforço e agilidade. Para desespero de suas adversárias, ela aprimorou seu movimento corporal para o duplo *twist* esticado, de execução ainda mais complicada, pois o esforço é maior para articular o corpo.

Antes do salto duplo *twist* carpado propriamente dito, Daiane realiza uma série de movimentos durante a corrida para ganhar não somente velocidade na direção horizontal (de movimento linear), mas também quantidade de rotação (ou de movimento angular), pois ela precisa de energia rotacional para realizar as rotações no ar. Há a trajetória do centro de gravidade da atleta na direção vertical e a velocidade de rotação do tronco durante o movimento (em graus por segundo).

O duplo mortal que Daiane executa pode ser realizado grupado (com todos os segmentos flexionados e próximos ao quadril), carpado (com joelho e tronco estendido mas com o quadril flexionado em 90 graus) e estendido (com todo o corpo estendido). Dada a dificuldade de realizar o movimento duplo *twist*, entre todas as ginastas, somente essa ginasta consegue realizar o movimento carpado. Não bastasse essa proeza, agora ela realiza o mesmo movimento, porém de forma estendida. Quer dizer, Daiane não está um passo à frente das outras ginastas, está dois!

Descoberta aos 11 anos pela técnica Cleusa de Paula, que a viu dançando e fazendo bagunça em uma praça, Daiane conquistou sua primeira

---

² O Laboratório de Biofísica da Escola de Educação Física e Esporte da Universidade de São Paulo (USP) realizou um estudo do salto duplo *twist* carpado executado por Daiane dos Santos. Os saltos foram filmados em um dia de treinamento no Centro Olímpico, em Curitiba. O intuito do estudo foi obter a descrição biomecânica dos movimentos (cinemática) do salto. Esse tipo de descrição é uma ferramenta utilizada no estudo do movimento humano, nos contextos do esporte e de saúde e na indústria cinematográfica.

medalha de ouro em um torneio em Camberra, Austrália, em 1998. No ano seguinte, a atleta recebeu duas medalhas de bronze e uma de prata no Pan-Americano de Winnipeg, Canadá. Foi aí que ganhou notoriedade ao surpreender o público como marco significativo para a ginástica brasileira. Um misto de arte e esporte (re)vela a preparação da atleta Daiane dos Santos na sua predisposição aos treinamentos intensivos de extensas habilidades física e motora.

Nascida em 10 de fevereiro de 1983 em Porto Alegre, a atleta 41 Kg e 1,45 m de altura, que garantem uma ótima performance acrobática em suas apresentações na ginástica artística. Ela diz que na ginástica busca inspiração em Nadia Comaneci e em Luiza Parente e, de maneira mais ampla no esporte, no grande ídolo Ayrton Senna. Costuma dedicar pelo menos sete horas diárias à ginástica artística, entre treinos e fisioterapia para banir todo e qualquer tipo de erro. Uma carga de treinos severos serve para atingir os índices técnicos necessários ao desenvolvimento e à manutenção do corpo, sem reduzir o bom humor nas entrevistas. Para completar, Daine faz aula de balé porque, como a ginástica tem coreografia, principalmente no solo, é necessário também o trabalho de dança.

Com um currículo com mais de 150 premiações, entre troféus e medalhas, os depoimentos de Daiane indicam dedicação, esforço e sacrifício, além do estresse no esporte. Observamos que na ginástica são mesmo mais freqüentes as lesões corporais no pé, no joelho e nas costas. A atleta tem um histórico de cirurgia no joelho, o que a afastou novamente. Hoje, Daiane faz faculdade de Educação Física e, ainda assim, compete na categoria Adulto, e tem como aparelhos de maior destaque o salto e o solo.

Efetivamente, a mídia esportiva está atenta às nuanças do corpo no esporte profissional, assim como nos Jogos Olímpicos – um dos maiores eventos esportivos, que estimula e formaliza a prática do esporte no mundo. Das manobras discursivas apontadas pelas técnicas do jornalismo e da publicidade, as estratégias de uma reportagem (ou cobertura midiática) sobressaem os diferentes percursos consensuais que enunciam os fatos recorrentes. A história de Daiane, em Atenas 2004, por exemplo, teve destaque fundamental para os observadores internacionais, pois estima-se que a qualidade de sua performance vale muito mais que bronze, prata ou ouro.

Os jornais e as revistas afirmam que seu grande trunfo é a criatividade. A ousadia e o talento dessa atleta são incomparáveis ao ajustar o grau de criatividade que seu trabalho pioneiro assina. A destreza para capacitar o corpo absorve a graça de articular, estrategicamente, um sorriso peculiarmente maroto. No sorriso espontâneo da ginasta surge um prazer nato pelo salto acrobático.

Ao lidar com as questões técnicas de performance no esporte, Daiane investe-se de algo personalizado que cativa o público. O corpo torna-se refém de uma série de combinações táticas e, ao mesmo tempo, poéticas, que traduzem um amontoado de (re)significações artísticas, estéticas, plásticas e socioculturais. De fato, ela surpreende ao conseguir excelentes colocações no pódio com os exercícios de solo. Em seus treinamentos e competições, Daiane tem acompanhamento de fisioterapeuta e psicóloga para tentar ajustar melhor, ainda que artificialmente, sua natureza corporal.

A presença da atleta "mexe", indubitavelmente, com os efeitos plásticos das coreografias camaleônicas com sua performance. Ser e estar tornam-se (de)marcação ímpar de territórios fronteiriços que, na sua contingência, elege o corpo como instrumento de uma rítmica dançante. O corpo surge como o limite da imagem e do movimento. Seu deslocamento investe em uma fina configuração que se impregna de traços do ambiente: contexto de intenções inesgotáveis de cada atleta concorrente. A expansão estética desse corpo performático, que aproxima esporte e dança, privilegia a garra conquistada pelo esforço físico e intelectual. Do encanto à graça, a força singular da brasilidade desenha uma dança atual no seu estado híbrido de provisoriedades, que compartilham de improvisações herméticas!

Vale a pena destacarmos o relato das dificuldades enfrentadas por ela para superar as marcas internacionais. Segundo Daiane, mesmo com todos os problemas e percalços "as oportunidades aparecem e você tem que saber aproveitar. Consegui muita coisa através da ginástica e com certeza todo o esforço e treinamento vale a pena". Para os dirigentes do esporte, a competidora pede apenas que eles acreditem mais no potencial da ginástica brasileira.

Em Atenas 2004, ela contundiu-se e foi cortada da disputa das traves de equilíbrio, em decorrência da cirurgia de artroscopia para a retirada da cartilagem. Essa não-participação implicou reservá-la para melhores oportunidades. Claro que sempre existe também a preocupação em poupá-la, pois a prova força muito o joelho. São fatos irreversíveis que marcam a passagem dela pelos Jogos Olímpicos. Nesse *know-how*, zela-se pelo bom desempenho na modalidade da ginástica artística de solo, que parece estar em alta no país do futebol.

Efetivamente, Daiane dos Santos incorpora a potencialidade criativa que estimula a observação do binômio tensão–distensão, na prática esportiva, para executar sua apresentação de ginástica de solo. A articulação entre o relaxamento e a rigidez dos músculos forma uma contingência corporal, evidenciada, por exemplo, pela dança atual do famoso samba "Brasileirinho". Sua série une uma música vibrante à execução quase perfeita dos movimentos para obter a maior nota, superando as favoritas do mundo. Daiane faz levantar o público do ginásio onde se apresenta, o que ajuda muito seu desempenho e faz muita diferença com o incentivo. Com a dança de Daiane é assim!

O que fica registrado com seu duplo *twist* carpado é um feito unânime, que impressiona a todos, pela dificuldade do movimento inédito. Assim, como elencar uma manchete ou estabelecer uma notícia jornalística, portanto midiática, diante de façanha inimaginável? Daiane faz algo impensável. O corpo jogado para o alto daquela forma assombra o mundo e eterniza-se no momento em que foi batizado com o seu próprio nome. Ela inova a ginástica e agora já está imortalizada! Com garra e bastante determinação fica o exemplo de vida sólida, que serve de motivação para outros atletas e pessoas não desanimarem diante das dificuldades. Com bastante humildade, a performance de Daiane dos Santos é um excelente exemplo brasileiro, oferecendo uma lição de superação.

6

A imagem do metrossexual ou imagem do metrossexual no Brasil

Atualmente, a paisagem inebriante do desejo alavanca muitas potências. A plenitude fértil de um corpo saudável reverbera um jogo poético de imagem, alteridade e diferença, em que o gênero se dissolve como pulsão hermética. Nesse conjunto, a imagem corporal emerge como (des)construção discursiva de artifícios tecnológicos que implementam os feixes de sentidos. Com a noção de gênero testemunha o declínio das representações cristalizadas e visa abrir novos rumos, sobretudo na mídia. Diante disso, as sociedades contemporâneas vivenciam a diversidade de aspectos visuais cujas "novas/outras" manifestações culturais pronunciam a dinâmica de gênero, cada vez mais, (inter)subjetiva.

Dois fatores extremamente relevantes, neste capítulo, chamam a atenção para pensar os estudos de gênero, particularmente no Brasil, para além de ancoragens fixas entre masculino e feminino: a noção de corpo e o conceito de metrossexual.

São temas instigantes que se fazem presentes na emergência das pesquisas em ciências humanas, no País de muitas desigualdades e poucas responsabilidades sociais. Portanto, consideramos este livro lugar ideal para refletir e debater com o leitor acerca dessas recorrências contemporâneas como enunciações inerentes aos estudos sociais. Ainda que esse não seja um pleito de denúncia ou de reclamação, mas uma condição adaptativa de ver/ler as influências sociais da mídia na cultura globalizada para uma busca de discussões para possíveis teorizações.

Este texto aponta o corpo masculino no contexto implementado pelo conceito metrossexual. Mais do que isso, o presente debate pretende estabelecer criticamente uma relação do corpo com o contemporâneo, mediante a linguagem corporal atualizada nas diferentes manifestações socioculturais, em especial o metrossexual. Assim, examinar, de modo empírico, algumas circunstâncias, situações, vestígios, nuanças, enfim, pequenos fragmentos que condicionam noções de corpo, masculinidade e metrossexual.

Para desdobrar esse conjunto de anotações empíricas, consideramos que o procedimento de uma metodologia descritiva/discursiva pode contribuir para o desenvolvimento de idéias, debates e exemplificações aqui apontadas. Subjetividades, experiências e performances são ferramentas conceituais exploradas como fenômenos da leitura crítica sobre a masculinidade que capacita a denominação de metrossexual. De acordo com essas inquietações (Hall, 2001, p. 17):

> a sociedade não é, como os sociólogos pensaram muitas vezes, um todo unificado e bem delimitado, uma totalidade, produzindo-se através de mudanças evolucionárias a partir de si mesma, como o desenvolvimento de uma flor a partir de seu bulbo.

Nessa esfera, expressividade e sensorialidade corporal evidenciam propriedades e predicações que têm por foco surgimento, expansão e sustentação, permitindo a releitura de aspectos que envolvem a figura do metrossexual. No contexto social, esse recente conceito requer tratamento teórico-metodológico capaz de correlacionar as áreas que possam perfazer um campo de produção epistemológica e ontológica do sujeito contemporâneo. Salientamos que os dispositivos discursivos, aqui, estendem-se em redes de coordenadas de conversação para instaurar as prerrogativas deste capítulo. Essas redes, na verdade, organizam cadeias complementares entre *corpo, mídia* e *representação*.

Como proposta hipotética, questionamos: ainda é possível entender o gênero somente entre masculino e feminino? O que pode expressar uma imagem multiforme sobre gênero? Existem outras potencialidades variantes que enriquecem o discurso contemporâneo sobre gênero e sexualidade? Quais as atualizações que enunciam a identidade contemporânea? Como refletir no contemporâneo corpo e masculinidade? Como relacionar questões que vivificam e atualizam a experiência humana como mercado, mídia, tecnologia e consumo como parâmetros de identidade e sexualidade? Quais os indicadores do trânsito inerente nesse conceito de metrossexual?

A partir dessas questões, desenvolvemos algumas premissas, relacionadas a seguir, divididas em etapas distintas que se entrecruzam paulatinamente: corpo, masculinidade, metrossexual, mídia, mercado. Essas etapas formulam nosso procedimento pedagógico-didático para elaborar algumas exemplificações peculiares de idéias, debates, subjetividades, experiências e performances. Ao resgatar essas circunstâncias, tentamos explanar os (inter)câmbios providenciais a partir do corpo.

A imagem do corpo contemporâneo impregna-se de (trans/de) formações biotecnológicas e socioculturais. O corpo toma um lugar de tamanha importância no nosso cotidiano, e por isso é o centro do debate com suas alterações artificiais de próteses, exercícios de musculação e tratamentos estéticos para homens e mulheres. Muito além da publicidade também é preciso prever a cultura midiática e seus interesses mercadológicos de consumo na sociedade capital. O instrumental dessa escritura sociocultural, desse modo, convoca um tecido conceitual dividido entre questões cada vez mais complexas sobre cultura, identidade, gênero e sexualidade, em que alteridade se faz na diversidade da diferença.

O diálogo entre imagem, alteridade e diferença, portanto, torna-se dado contemporâneo nessa observação sobre o cuidar do corpo, sem validar os sentidos, mas sim para vetorizar seus efeitos, o que (de)marca a superficialidade da cena pós-moderna. Alargar as demandas situacionais sobre o corpo implica observar os detalhes pontuais do feixe formador de cultura, identidade, gênero e sexualidade. Esse feixe surge diante das mediações de um corpo social antropofágico, nas suas múltiplas (rel)ações, e se espetaculariza como objeto de desejo. Sociologia ideológica da linguagem estética? Evidentemente que exibir o corpo jovem, saudável, malhado torna-se distorção da realidade cuja constatação reforça estereótipos e estigmatizações que fecham o agenciamento de "novas/outras" possibilidades discursivas. Esse corpo que citamos está recortado no urbano e nos matizes de gênero polissêmico, enquanto objeto sociocultural de observação e de pesquisa. De acordo com Guacira Louro (2004, p. 76):

> Entre tantas marcas, ao longo dos séculos, a maioria das sociedades vem estabelecendo a divisão masculino/feminino como uma divisão primordial. Uma divisão usualmente compreendida como primeira, originária ou essencial e, quase sempre, relacionada ao corpo. É um engano, contudo, supor que o modo como pensamos o corpo e a forma como, a partir de sua materialidade, "deduzimos" identidades de gênero e sexuais seja generalizável para qualquer cultura, para qualquer tempo e lugar.

Esta parece ser uma divisão atrasada sobre a questão de identidade. É exatamente a partir de considerações acerca do corpo contemporâneo na cultura que desejamos elencar alguns argumentos, neste debate, sobre o recente conceito de metrossexual. Seja na sua constituição poética como (des)construção inquietante/provocante de um saber multicultural, seja nas suas diretrizes estéticas e plásticas como manifestação visual contemporânea que atualiza o corpo masculino na chamada cena pós-moderna. Ultrapassar essas "velhas" fronteiras (coloniais) implica alargar a potencialidade criativa do sujeito social. Interessa-nos, de fato, permear as ampliações conceituais que promovem a flexibilidade discursiva acerca de gênero e, conseqüentemente, identidade e sexualidade, cada vez mais multiformes.

Nas palavras de Judith Butler (2003, p. 28):

> Embora os cientistas sociais se refiram ao gênero como um "fator" ou "dimensão" da análise, ele também é aplicado a pessoas reais como uma "marca" de diferença biológica, lingüística e/ou cultural.

A problemática enfrentada pela autora está na relação do corpo que assume em sua dinâmica uma diferenciação exponencial como evidência contornável com "novas/outras" expressões discursivas para além dessa redução crítica.

O padrão de beleza imposto pela cultura midiática globalizada inscreve as propriedades fetichistas de um corpo imagético, pontualmente erótico, sensual, saudável, desejante. Independentemente desse objeto erótico de desejo ser feminino ou masculino, agora, as predicações impactantes do fetiche ressaltam informações e mensagens em efetivas mudanças e/ou indução de comportamento, ao produzir a uniformidade massificada sobre o consumo. Esses violentos efeitos socioculturais têm o corpo como agente que argumenta, estrategicamente, os discursos na artificialidade dos enunciados, em que a lógica do consumo dita a compreensão de cultura, identidade, gênero e sexualidade.

Como coordenada reguladora de um sistema formal, sustentar um discurso sobre a masculinidade torna-se algo bastante insuportável, frágil e perigoso, pois há uma vasta crise das representações identitárias. A vulnerabilidade desse masculino solicita uma abordagem estratégica mais eficiente com a realidade sociocultural. O conceito de masculinidade, assim, tenta se apoiar sem sucesso, por fracas ponderações sociais, que se inscrevem como entidade representante de uma voz perdida na escuridão destoante sobre gênero, identidade e sexualidade multiformes. Nesse panorama, muita gente afirma categoricamente que é "careta" ser homem, em particular ser macho. Ainda que de modo politicamente (in)correto, essa enunciação do macho está destituída de argumentação atualizada como os debates teóricos avançados, em particular sobre a identidade. Conforme diz Hall (2001, p. 13):

> A identidade plenamente unificada, completa, segura e coerente é uma fantasia. Ao invés disso, à medida que os sistemas de significação e representação cultural se multiplicam, somos confrontados por uma multiplicidade desconcertante e cambiante de identidades possíveis, com cada uma das quais poderíamos nos identificar – ao menos temporariamente.

Dessa forma, a masculinidade enfrenta a não-nomeação dos códigos sociais, nos quais está findada essa crise da representação identitária. Portanto, o colapso da identidade atinge em cheio o projeto de integração masculina também. A identidade, dessa maneira, absorve as estratificações propostas pela performance de um ato/ação social, que apresenta e apaga, simultaneamente, essa condição adaptativa de identidades. Imaginemos o masculino convicto?

Nas mais diversas ocasiões sociais, é preciso ser mais que cavalheiro, porém nem todos são. Um homem de atitude decente esbarra na corda bamba de ser chamado de frouxo ou de ser excomungado pelo pecado da masculinidade tardia. Um pêndulo, paradoxal, anuncia vertentes disformes de indefinições masculinas, que devem persuadir o mundo entre o afetado e o bruto.

Boa parte dos estudos de feministas (e de gênero) ataca de forma veemente qualquer mobilização a favor da masculinidade. Ao mesmo tempo, registramos a dimensão antagônica, quando esse masculino instaura-se como modalidade de desejo feminino. Nesse território heterossexual de gênero, a (des)construção dessas posições cristalizadas deve ser banida, apagada, esquecida, pois as arestas têm potencializado a abordagem cada vez mais polissêmica. Ou seja, a abertura do estado democrático contribui para o avanço e o desenvolvimento de noções de diversidades mais amplas e menos excludentes.

O homem, que por muitos anos colocou-se como o dono do mundo, agora deve repartir sua participação — na terra e no lucro —, em particular com as chamadas minorias sexuais e de gênero. As aberturas conquistadas pelos movimentos militantes e ativistas das minorias sexuais incorporam a dinâmica do HIV-AIDS como pressuposto recursivo na ordem dessa onda de manifestações socioculturais e a atenção aos tratamentos conceituais e teóricos. O homoerotismo e a bissexualidade são excelentes exemplos, para citarmos rapidamente o contexto da potente diversidade sexual, no Brasil e no mundo.

Assim, as predicações para refletir sobre o homem contemporâneo são variantes que comportam os estudos de gênero atrelado aos diferentes processos discursivos e sociais. O homem contemporâneo descobre-se de uma fecunda modificação, diante dos parâmetros de identidade, gênero e sexualidade. A distinção entre masculino e feminino e suas máximas diferenças apontam para debates significativos que marcam a história em um deslocamento profícuo quanto à manifestação da identidade, do desejo, da erótica etc. Essas máximas devem extrapolar as instâncias que reduzem o pensamento sobre gênero e identidade a favor da diversidade cada vez mais pluralizada pelas (inter)subjetividades contemporâneas.

Um aspecto sintomático para este debate é a revisão, ou melhor, a tentativa de recuperação do masculino no âmbito dos discursos acadêmicos. A situação de estudar, hoje, a masculinidade requer a absorção de novas produções de saberes, que se apropriam da própria (des)construção de discurso e instauram uma "nova/outra" ordem de domínios enunciativos. Os estudos da masculinidade querem pegar carona na rota dos estudos culturais, ao pesquisar a exclusão, o multicultural, o diaspórico e o pós-colonial.

Demanda vigente dos estudos pós-estruturalistas e desconstrutivistas, a masculinidade parece redimir-se de seus malfeitos históricos para desbravar "novos/outros" caminhos: uma sensibilidade providencial deve aflorar recentes resultados. Todos esses fatores são tratados como brevidades de compreensões satisfatórias para soluções criativas, que na sua convicção demonstram ao leitor certo tipo de comportamento masculino como algo meramente passivo de regras. Mas, afinal, voltamos à antiga questão: o que querem os homens? Imaginamos que o homem narcísico queira seduzir e mostrar que está bem!

Ainda assim, essa multiplicidade de possibilidades identitárias, de gênero e sexo, oferece várias circunstâncias que compreendem as minorias sexuais e toda gama de expressões socioculturais, sejam elas *queers* (estranho) ou *straight* (hegemônico). Falar de gênero implica observar as potencialidades das aberturas que esses estudos contemporâneos devem ampliar os campos de atuações e (re)inscrições.

A masculinidade parece tomar conta novamente do debate. Mesmo que seja por pouco tempo, por modismo ou pela ausência de melhores condições, a precária imagem do masculino passa a requerer um "novo/outro" *status*. Esse privilégio toma o legado do falocrático como (re)condução dos objetos de desejo. Agora, é a vez de ele parecer ser objeto de prazer e de consumo. Seja na televisão, na revista ou no cinema, a mídia trata o homem como o novo modelo de valorização da aparência (artificial) dos produtos.

Ao evidenciar a masculinidade como categoria discursiva na publicidade, o desejo surge em uma forma narcísica, sobretudo no corpo urbano. O homem que descrevemos potencializa-se em um visual cada vez mais vigoroso, robusto, forte e, ao mesmo tempo, delicado, dócil, compreensível. Portanto, o contexto desenha um possível encantamento profundo, sedutor, preciso. Essa (des)construção poética inscreve a massa física que enuncia um masculino amistoso, que desestabiliza a noção de identidade, gênero e sexualidades alternativas para demais variantes polissêmicas.

Entretanto, falamos do homem brasileiro na sua retórica que tenta ampliar a natureza insensível para os efeitos plásticos de uma composição pós-moderna. Na sua perspicácia latina, tentamos inscrever o olhar sobre as imagens desse sujeito brasileiro acostumado ao machismo, que, porém, adequa-se às aberturas socioculturais das mulheres e das minorias. Eis que surge a metáfora do herói contemporâneo, o que equaciona um *entre-lugar* a partir da aparência corpórea e da sensibilidade criativa, vaidosa. Esse *entre-lugar* da masculinidade visa explorar os interstícios que escapam pela (inter)subjetividade como condução de recursos discursivos.

Ironicamente, a atmosfera clássica desse senhor de anéis, pulseiras e colares provoca uma linguagem pontual da metrópole, em que trocas de experiências emergem como textualidades fronteiriças. O tratamento facial, a exibição do músculo, a linha da carne, enfim, o cuidar de si é a tônica que articula essa dinâmica performática de corpo, sexualidade, identidade e gênero. Como coloca Michel Foucault (1999, p. 49):

> Pode-se caracterizar brevemente essa "cultura de si" pelo fato de que a arte da existência – a *techne tou biou* sob as suas diferentes formas – nela se encontra dominada pelo princípio segundo o qual é preciso "ter cuidado consigo"; é esse princípio do cuidado de si que fundamenta a sua necessidade, comanda o seu desenvolvimento e organiza a sua prática.

Mas, ainda assim, é preciso ter bastante perspicácia e cautela nessa cultura de si, conforme expõe o autor. Aqui, não cabe fazer julgamentos de valores sobre esse *cuidar de si* relacionado aos estudos de gênero e das ciências sociais, mas reconsiderar os excessos e a fragilidade que podem enunciar uma ontologia dessa performance masculina. De fato, masculino ou feminino, gênero ou sexualidade, agora tanto faz mesmo! Haja vista as inovações terminológicas discursivas: a nova onda é ser metrossexual, conceito cunhado do inglês *metrossexual*, consiste na implementação desse debate acerca do gênero.

Jovem urbano, obcecado pela aparência superficial, o metrossexual parece manter sua virilidade tranqüila. Esse típico macho classe média está longe de ser um brucutu e é cada vez menos preconceituoso em relação a cuidar do corpo e tentar ficar bonito. Assim, a noção de metrossexual define-se pela masculinadade narcísica, egocêntrica, vaidosa, urbana e saturada pela exploração na mídia. Diz-se que é um homem com H (maiúsculo), que geralmente vive em cidades grandes. Alguns não se assumem como tal, e se denominam, simplesmente, vaidosos. Outros até disfarçam essa vaidade, temendo o preconceito por parte dos ditos "machões". O homem contemporâneo percebe que não precisa ser desleixado para afirmar sua masculinidade.

O escritor e jornalista Mark Simpson,[1] em Londres, utilizou pela primeira vez a palavra metrossexual no artigo "Here come the mirror men" (Aí vêm os homens do espelho), publicado em novembro de 1994 no jornal inglês *The Independent*, no qual previa um novo tipo de gênero masculino que surgia nas grandes cidades. Em 2002, o colunista voltou a abordar o tema no texto "Meet the metrosexual" (Conheça o metrossexual), na revista *on-line Salon*, dentre outras publicações.[2] Dessa vez a repercussão foi absurdamente maior. Simpson, certamente, colaborou para que muitos homens assumissem suas vaidades pessoais, ao tratar do embelezamento corpóreo e deixar aflorar a sensibilidade.

A junção de metropolitano com heterossexual formula parte do conceito. Ser metrossexual não tem conotação direta com sexo, porém é

---

[1] Além do *The Independent*, Simpson escreve para o *The Guardian* e o *The Times*. Tem seis livros publicados, vários deles sobre homoerotismo, mas parece que entrará para a história como pai do conceito de metrossexual.
[2] Existe até um manual, traduzido para o português, que contém dicas para desvendar os mistérios do metrossexual. São regras, receitas de etiqueta indispensáveis para tratar adequadamente do visual; arrumar e decorar a casa; saber como pedir vinho e se comportar bem em um evento. Tudo isso para evitar atropelos ou gafes desnecessários em ambientes públicos ou a dois (Flocker, 2004).

o mais recente conceito para definir o consumidor masculino que, ironicamente, adora a vaidade. Nesse encontro filológico, a origem dessa palavra poderia ser uma medida padrão do grego ao latim, ou, melhor ainda, o termo une as palavras metrópole e sexual para definir um consumidor específico. Apesar de estar em voga, a palavra descreve os efeitos do consumismo e, conseqüentemente, na identidade masculina sofisticada pela imagem contemporânea da mídia.

Aqui, a marca é o surgimento do termo metrossexual como designação *fashion*-mercadológica para um homem que gasta, aproximadamente, mais de 30% de seu salário com cosméticos e roupas, freqüenta manicure/pedicure e adora *shopping center*. O conceito aplica-se a todo homem que vive nos grandes centros urbanos, ou bem perto, e que faz questão de exibir um lado mais delicado, mas sem assumir, necessariamente, uma postura feminina. São homens de alto poder aquisitivo cujos hábitos de consumo envolvem roupas de grife, carros luxuosos, cremes anti-rugas e tratamentos de beleza. Logo as empresas começaram a olhar com interesse para esse público. De cosméticos a veículos, de imóveis a refeições, há uma imensa indústria movimentando-se para satisfazer os desejos desse pessoal varão.

O metrossexual está atento às novas jóias lançadas para homens, usa base protetora para as unhas, brilho-labial hidratante e cremes anti-rugas para o rosto, além de combinar suas peças de roupa e comprar cuecas das melhores marcas. Gosta de produtos importados, roupas de qualidade, caras, finas e extravagantes, carros esportivos velozes; gosta de novidades, ganha e gasta muito dinheiro e não quer passar despercebido de maneira nenhuma. Bebe vinho em vez de cerveja, pinta as unhas, muda o corte e a cor dos cabelos como quem troca de camisa no final do jogo e confessa já ter usado algumas vezes calcinhas da mulher. A experiência/experimentação de uma retórica provocativa, que explora a aparência sem abjeção.

Efetivamente, o metrossexual torna-se inventário corporal como um produto estético da cultura corporativa. Na crista da moda, a metrópole revela a diversidade cultural/sexual e distorce espaços, alocando os movimentos à categoria discursiva da imagem dos *outdoors*. Tem-se a impressão de que tudo passa a ser suporte enunciativo como característica de uma exaustiva discussão. Esse consumidor é um empreendedor bem-sucedido, que está atento a seu aspecto visual, dedica-se a essa preocupação e gasta bastante dinheiro com isso, como fazem alguns gays do mesmo estrato social.

A onda de se preocupar com a aparência mantém-se vigorosa na mente masculina e atinge um número cada vez maior de adeptos do culto do corpo de formas "perfeitas": cuidar da pele e dos cabelos, fazer ginástica e massagem são tarefas do cotidiano do sujeito metropolitano. Já no início dos anos 1990, a antiga moda (re)produzida, repressora e voltada à masculinidade impermeável, ganhou tons mais claros por meio do consumidor capitalista. O impassível e "largadão" heterossexual quase não consome!

Com base nesse novo hábito, é permitida a maquiagem discreta, as sobrancelhas redesenhadas com pinça e "fazer a cabeça" dos mais machões (brutos). Agora, depilação, bronzeamento artificial, limpeza de pele, cosméticos deixam de ser apenas "coisas de mulher", pois existem muitos homens (heterossexuais ou não) aderindo aos tratamentos estéticos de beleza corporal. Metrossexual, aparentemente, torna-se um "novo/outro" homem, portanto, que invade as salas de ginástica e musculação e clínicas de embelezamento, apoiado pelo mercado de consumo. Efetivamente, ele não tem barriga e se preocupa com o peso.

Especialistas (*personal stylist*) em moda, decoração, cultura, comida e vinhos são acionados, rapidamente, para transformar o heterossexual "careta" em um "novo" homem (ver o Capítulo 4). No guarda-roupa e nos hábitos pessoais, é preciso ser extremamente requintado e, ao mesmo tempo, desportivo. Esse homem tem dezenas de sapatos, apenas ternos de alfaiates e se olha no espelho várias vezes por dia. É bastante meticuloso com os detalhes visuais da aparência, ainda que, no entanto, faça a linha o não liga "para nada", despojado como um *casual wear*, provocante e *sexy*.

De fato, o metrossexual é um homem de estilo marcante e sofisticado. Capaz de transitar em qualquer situação social, ele é informado, intrigante, bem cuidado. Homem de maquiagem ou vestido com roupas de grifes "estilosas" não é coisa do passado. Pelo contrário, é algo que emerge nas salas de cinema, nas galerias de arte, assim como nas festas populares, shows e campos de futebol. Pode ser visto em um jogo de futebol em uma noite e na abertura de uma galeria de arte na noite seguinte. Eis que surge o novo "ideal" masculino. Gosta de fazer compras, posa nu para revistas. O homem metrossexual é um heterossexual que conhece e se importa com a moda, gastronomia e elegância. Um de seus dotes pontua sua faceta de uma sutil virilidade (nem um pouco abalada), pois posa de dominador, mas também se deixa (de maneira bastante flexível) dominar pela mulher. Explora o corpo atlético como ferramenta de um discurso proeminentemente sedutor. Ter estilo, personalidade, ditar e/ou acompanhar a moda faz parte do show!

Como reconhecer um metrossexual? Ele pode ser encontrado em lojas de grife, academias de ginástica, salões de cabeleireiro, bares da moda e eventos *fashion*. Adora enfeitar-se e usar maquiagem; uns pintam as unhas, outros preferem passar lápis de olho. Os mais ousados usam também *blush* e rímel. Desprovido de plumagem, apelam para as roupas de marca. Adoram as melhores grifes. Os mais descolados são ávidos freqüentadores de brechós. Corajosos, submetem-se a qualquer tortura em troca da boa aparência, seja malhar por horas a fio ou encarar cera quente para se livrar dos pêlos do peito. O metrossexual é antes de tudo um narcisista convicto.

Com a invenção do termo metrossexual, que exime qualquer conotação homossexual, os homens sentem-se livres para comprar tudo aquilo que sempre sonharam secretamente em seus devaneios mais afeminados. O uso ostensivo de um galanteio divisor entre o homem sensível e quase que (homo)erótico (gay, hétero ou bi) dissolve a possibilidade de cristalizar um corpo sociocultural hibridizado entre imagem, identidade gênero e/ou sexo.

A questão de ser homossexual, bissexual ou de só ter relações com o sexo oposto não importa, porque o metrossexual coloca-se como objeto do próprio desejo, pois é extremamente narcisista. Ele tem amigos homossexuais, é a letra S do GLS (gays, lésbicas e simpatizantes).[3] Não se conforma que os homens toscos da cidade estão vulgarizando o refinado estilo de vida homossexual e passaram a gostar de roupas de grife e freqüentar clubes gays. Com uma peculiaridade fundamentalmente diferente dos gays, o metrossexual tende a deliberar seu lado heterossexual. De acordo com Flocker (2004, p. 11-12):

> A distância que já foi grande entre homens hétero e homossexuais diminuiu consideravelmente nos últimos anos. Enquanto os gays foram buscar uma nova vida nas academias e um ideal mais masculino, héteros começaram a perceber que haviam se colocado de escanteio, vestidos num confortável uniforme de gabardine, entediando-se com seus próprios botões. Aos poucos, foi-se percebendo, por ambos os lados, que há um certo poder e mistério na ambigüidade e que confiança, segurança e senso de estilo são fatores que definem o homem moderno.

Preferimos considerar que não há nada de moderno e sim de contemporâneo nesse ajustamento da diversidade identitária, cultural, sexual e de gênero entre homens heterossexuais e homoeróticos. A distância entre hétero e homo ainda existe, porém agenciam-se, negociam-se essas subjetividades, (des)construídas pela versatilidade que se implementa no contemporâneo. Como um abalo sísmico dos costumes sociais, atualizar esse homem contemporâneo requer problematizar o gênero, a sexualidade, a identidade, o desejo, o consumo, enfim a cultura. Assim, o fenômeno discursivo da metrossexualidade inscreve o cosmopolitano e o tecnológico

---

[3] O que se tem visto/lido na mídia é que os gays estão sendo os mais indicados professores, críticos, orientadores de etiqueta e *personal stylists* desse "novo homem" metrossexual. São eles quem avaliam a transformação plástica, sem afrontar ou querer desmoronar a masculinidade.

como consonâncias da maturidade sociocultural cujas práticas sociais apontam o tratamento epistêmico de uma sofisticação plausível.

A metrossexualidade (re)apropria-se do sistema hegemônico, dito heterossexual, branco, classe alta, e subverte a cena contemporânea em uma transgressão que desloca o gênero e a masculinidade para *entre-lugares*: a lógica formal dos códigos é (re)configurada de ativo para passivo; de desejar para ser desejado; de observar para ser observado; de absorver para ser absorvido etc. Enfim, condiciona uma (inter)subjetividade que (re)inscreve "novas/outras" experiências. Portanto, acredita-se na falência dos papéis identitários, sexuais e sociais como motor regular da diversidade cultural e sexual, sobretudo no sincretismo globalizado pelas misturas étnicas e multiculturais. Portanto, a metrossexualidade ocorre nas metanarrativas híbridas de constantes interrupções e (re)agrupamentos.

Esse fenômeno sociocultural chamado metrossexual é um homem contemporâneo que tem cada vez mais assumido seu lado feminino, sensível e vaidoso, sem que isso tenha a ver com sua condição sexual que, em rigor, pode ser qualquer uma. Ícone de uma masculinidade mais flexível, o metrossexual mostrar uma tardia sensibilidade sensual. Não se trata de uma nova forma de sexualidade, mas de um modo de demonstrar uma identidade polimorfa que extrapola as tradicionais vaidades masculinas.

O metrossexual, na prática, aponta para aqueles que têm menos preocupação quanto à sua identidade e muito mais interesse em sua imagem. Estando muito longe do conceito radical e ultrapassado de macho latino, ele partilha funções e atitudes que antigamente eram consideradas femininas. Atividades como dançar ou cuidar de crianças não ameaçam de forma nenhuma sua masculinidade. Antes, pelo contrário, sua atuação positiva com o sexo oposto supera as expectativas de preconceitos.

Se até nos anos 1990, as mulheres lutaram para se igualar, profissionalmente, aos homens e ainda continuam, neste novo século, os homens – que permanecem no poder – estão tendo coragem para explorar seu lado feminino sem medo de perder o *status* de homem de "verdade". Urge um misto masculino de vontades por tratamentos de beleza, cosméticos e emocionar-se ao assistir a filmes românticos. Também esse possível modismo implica duplicidade na linha masculina metrossexual. Esses "novos" homens estão a anos-luz do estereótipo de macho crucificado pelas feministas e têm mais estilo que os "burgueses boêmios" dos anos 1990. Mas, incoerentemente, parece que querem fama e glória acima de amor, família ou algo mais. Eles estão deixando florescer suas emoções e reconhecendo a necessidade de manter a boa aparência.

Com isso, a publicidade esteve sempre atenta aos seus consumidores (ver o Capítulo 3). Na onda do metrossexual, o mercado midiático procura resgatar o dinheiro desse ser vaidoso, geralmente bem colocado profissionalmente e que não vive sem sua marca predileta de hidratante para a pele. O metrossexual é resultado do consumo masculino no século XXI, como uma corrente dominante, ou seja, fenômeno de consumo de massa que envolve a mercantilização do corpo masculino. E por detrás dos anunciantes da mídia está a cultura de consumo. É mais do que modismo passageiro, como era a aposta quando o termo metrossexual repercutiu nas revistas de comportamento. A atitude metrossexual incorpora a atualização do homem contemporâneo no cuidar de si. Consolida-se um evento (conceitual, portanto) capaz de ressignificar os sentidos da masculinidade e, conseqüentemente, os estudos de gênero.

Mídia e mercado masculino

No cinema, na TV, na publicidade, no jornal ou na Internet e na mídia, testemunha-se a (des)construção do masculino, em razão de uma poética visual pautada na boa aparência e no consumismo. Uma superficialidade da pele que remete ao desejo masculino. Assim, emplaca-se uma "nova/outra" imagem (midiática) dessa masculinidade desviada: símbolo do homem contemporâneo e urbano que não tem medo de assumir seu lado feminino.

De um lado, nota-se o reflexo das tendências sociais apresentando novos papéis para o homem, e essas tendências são influenciadas pela mudança da participação das mulheres em novos campos e áreas profissionais. De outro, o estereótipo masculino tradicional continua a ser observado, porém, novos apelos e abordagens foram incorporados (Garboggini-Siqueira, 1999) como uma perspectiva de adentrar os preceitos tecnológicos do digital.

O metrossexual ainda parece ser um sujeito tímido diante do comportamento distante do homem brasileiro, ainda que esse brasileiro esteja cada vez menos preconceituoso em relação a cuidar do seu corpo e a ficar mais bonito. Mas se, por acaso, algum homem brasileiro metrossexual tiver dificuldade de encontrar os cremes nas revistas nacionais, algumas publicações de moda e comportamento já se encarregaram de adentrar esse nicho. O termo ganha vários destaques e editoriais de importantes revistas, no Brasil e no mundo, que atentam a esse homem que gosta de mulheres e de cremes hidratantes. O metrossexual, mais do que uma presença editorial relevante, pauta a novidade. O lugar do inusitado é redesenhado pela imagem figurativa da beleza masculinizada pelos efeitos do metrossexual.

No início, os críticos de mídia diziam que a segmentação de mercado, como nicho mercadológico, seria um alvo desnecessário, já que o sistema hegemônico se inscreve na ordem do dia. Agora, eles dizem que as revistas têm muitos consumidores porque conseguem focar o homem contemporâneo, interessado tanto no resultado de um jogo quanto em exposições de arte. Exibir corpo potencializa a dimensão discursiva capaz de estrategicamente ampliar os resultados de divulgação e de venda de produtos. Essa exibição provoca um teor performático da carne, em que o masculino – e seu membro falocrático – ressurge como objeto de desejo.

Nesse contexto, a interação comercial facilita e amplia as perspectivas de ação sociocultural e de gênero para uma metrossexualidade progressiva; avanço significativo na classe média como resposta ao individualismo sociocultural dos rapazes, meramente egocêntricos. Acreditamos que o metrossexual faz parte do dia-a-dia globalizado, inclusive no perfil público de artistas, políticos, atletas, ou seja, homens que constantemente aparecem na mídia. O melhor perfil na mídia é a adoração que um metrossexual pode desenvolver acerca do desejo em suas diferentes facetas: seja esportiva, musical ou empresarial.

Como exemplificação pontual, o maior ícone metrossexual internacional é o jogador de futebol inglês do Real Madrid, David Beckham: um típico homem bem-sucedido e excêntrico, assim como os atores Antonio Bandeiras, Brad Pitt e Tom Cruise. No futebol brasileiro, talvez, o exemplo mais citado de metrossexual seja Alex Alves, do Atlético Mineiro, um jogador que não tem fama de usar salto alto no campo, mas sim de que é bastante vaidoso. A presença desse homem com "H" enfeitado está viva e bem visível no Brasil, pois a imagem dos atores Fábio Assunção, Márcio Garcia, Paulo Vilhena, Marcos Frota, Rodrigo Santoro, do apresentador Marcos Mion ou do jogador de futebol Raí organiza um panorama marcante para adentrar a potencialidade visual e efetiva da atenção à aparência masculina, sobretudo no âmbito da cultura midiática. Afinal, que tipo de homem é esse?

Conforme observamos as novas tendências do comportamento humano contemporâneo, o metrossexual é a marca do homem que se diz atual quanto ao tratamento personalizado e performatiza sua identidade. O termo metrossexual pode até parecer bastante estranho, mas é fruto dos novos tempos. Intimamente ligado à máquina do mercado de consumo, os dados sobre a vaidade do caricatural "sexo forte" são espantosos. De cosméticos a veículos, de imóveis a refeições, há uma imensa indústria movimentando-se para satisfazer os desejos desse segmento.

No Brasil, o setor de saúde, estética e beleza masculina já operacionaliza bilhões por ano. Desde 1998, o crescimento do consumo anual desses produtos de beleza para o homem subiu 17%. Talvez um dos motivos e justificativa dessa mudança de comportamento dos homens seja que o mercado de trabalho está cada vez mais exigente e o profissional, para se adequar, deve ser mais vaidoso e preocupado com a aparência. Portanto, na lógica capital, o metrossexual torna-se mais capacitado e competitivo diante de uma imagem corporal preparada pelos tratamentos estéticos e comportamentais. De um certo ponto de vista, isto é um dado alarmante, já que esse profissional de mercado precisaria preocupar-se, também, com o seu próprio desenvolvimento intelectual.

Entretanto, esses homens se interessam por produtos de máxima qualidade. O que mais eles querem? Ficam atentos às novidades lançadas para homens. Pode isso? Agora a indústria da moda e da estética conta com essa segmentação do masculino: uma espécie de *blue money*, dos machíssimos metrossexuais, assim como o legado do chamado *pink money*, oriundo do mercado homoerótico. Portanto, será que testemunharemos a diversidade sexual e/ou cultural?

Aqui, a capacidade inventiva para lidar com o neologismo é necessária, pois o mercado respira e investe em algo que possa condicionar um quê de novidade. Não se trata, exclusivamente, de novidades, mas de um reposicionamento de negócios empresariais, que apenas foram ressignificados para garantir uma circulação de conceito. Com a invenção desse metrossexual, o marketing consegue elaborar uma infinidade de produtos para potenciais consumidores masculinos distraídos, pois esses produtos já existiam nas prateleiras de hipermercados e *shoppings*.

O termo pode ser um bom jogo de marketing para criar brechas no mercado de consumo, o que faz pensar socialmente nas contaminações que os estudos culturais e de gêneros perpassam para lidar com tais questões emblemáticas. Metrossexual surgiu como designação de um mercado e de um perfil de sujeito social, a partir de produtos como cremes faciais para homens, perfumes masculinos de vanguarda, presilhas, tiaras e elásticos para cabelos masculinos ou roupas de grife especialmente confeccionadas para eles. Antes, porém, essa experiência mercadológica enuncia "novos/outros" fatores contemporâneos para serem observados.

Efetivamente, as anotações dos tópicos: corpo contemporâneo, masculinidade, metrossexual e mídia e mercado são indicadores das idéias desenvolvidas por este texto, tendo em vista as instâncias que convergem para a sociologia da comunicação e os estudos de gênero com os estudos culturais e as teorias críticas contemporâneas. A emergência de estudos sobre o metrossexual deve ser uma preocupação das ciências humanas, tendo em vista a urgência dessa maquiagem que desloca a noção de masculinidade para uma proposta plástica corporal, estética, intersubjetiva. Todo cuidado é pouco. Insistimos em trabalhar os mecanismos enunciativos de estratégias discursivas, como uma reflexão dessa metrossexualidade. Esse fenômeno sociocultural ultrapassa as barreiras internacionais para uma ação globalizada. Segundo Ernest Laclau (apud Hall, 2001, p. 17):

> As sociedades da modernidade tardia [contemporâneas] são caracterizadas pela "diferença"; elas são atravessadas por diferentes divisões e antagonismos sociais que produzem uma variedade de diferentes "posições de sujeito" – isto é, identidades – para os indivíduos. Se tais sociedades não se desintegram totalmente não é porque elas são unificadas, mas porque seus diferentes elementos e identidades podem, sob certas circunstâncias, ser conjuntamente articulados. Mas essa articulação é sempre parcial: a estrutura da identidade permanece aberta.

Diante dessa citação, observamos que a possibilidade de pensar o metrossexual se torna apenas uma suspensão provisória para emergir, conceitualmente, o debate sobre as relações socioculturais contemporâneas, tendo em vista que a identidade não deve ser vista/lida como algo essencialmente acabado, mas como uma constante de feixes de sentidos. Na sua pluralidade, atualizar a dimensão de identidade requer refletir as políticas de identidade que tratam de identificar materiais substanciais e (de)marcações discursivas, portanto essa condição identitária adaptativa expressa-se no campo da linguagem como estado híbrido e provisório.

A história relata marcação contemporânea da sociedade do consumo, da informação, da tecnologia, mas, de fato, observa-se uma transformação acelerada com o rompimento de paradigmas que desmantelam estereótipos.

Ao adentrar a dinâmica das tecnologias digitais, a cultura midiática, desbrava a conquista do *fake*, do artifício, em que a primeira instância da imagem é tomada como superfície capaz de mostrar algo diferente, qualificativo, de identidade, gênero e sexualidade. Sem qualquer aprofundamento de conteúdo, a espetacularização da mensagem põe em alta a frenética exibição do corpo, estrategicamente, como uma qualificação do aconchego narcísico (imagético, visual, figurativo). Parece que é preciso estar na linha da boa aparência para ser compreendido como o tal. Será?

Esse impermeável, para não dizer "impecável", homem contemporâneo tenta segurar o tempo nas mãos para se conservar permanentemente pleno de atrativos sedutores ao tentar garantir a beleza da juventude. Ao enrijecer os músculos, também faz um rígido regime de alerta e perseguição de rugas e gorduras. Torna-se, portanto, escravo coeso do bom gosto na recompensa de tentar preencher seu próprio desejo. O metrossexual prega a satisfação de (re)abilitar-se "novo"! Como um possível distúrbio, a carnalidade ostentiva desse sistema vivo põe em xeque a dimensão de artifício na perspectiva de uma (trans/de)formação orgânica, anatômica, corporal. Abjeção de um corpo cru. De acordo com Nízia Villaça (1996, p. 282):

> O hábito da alteração do corpo, comum a várias culturas, atinge, portanto, seu ápice, desestabilizando categorias tradicionais como homem/mulher, tornando o homem um ser mutante, um corpo virtual e, interferindo, até mesmo, na sua estrutura química, como lembra Lucien Sfez referindo-se à nova utopia de recriar o Adão anterior à queda. Um Adão perfeito?

Como consideração final, observamos que tratamos o tema de forma ensaística, e na tentativa de enriquecê-lo com exemplificações que ilustram alguns conceitos discutidos ao propor essa leitura crítica do assunto. É preciso ressaltar a flexibilidade com que o masculino aqui se manifesta, como meta permissível no âmbito da diversidade identitária, cultural, sexual e de gênero. Metrossexual pode ser indicado como sátira impertinente de identidades e categorias de consumo, nas palavras de seu criador, mas também pode (re)confortar a dinâmica dos estudos de corpo, gênero e dos estudos sociais aos efeitos plásticos e de superfície da imagem. Para tanto, vamos vivenciá-lo?!

Do ponto de vista das primazias adotadas neste livro, convém-nos mencionar que toda atividade humana com o corpo requer uma performance, já que esta ocorre com base na ação do homem. No enfrentamento de uma "nova/outra" ordem contemporânea, a performance corporal deve ser percebida como (experiment)ação cênica que pode ser conciliatória e/ou provocativa. Propomos uma noção geral de performance, a partir da reiteração das paisagens culturais híbridas, polifônicas e polissêmicas que absorvem o corpo como experiência e experimentação de mundo. Passamos, portanto, a indicá-la como "tudo" aquilo que está por ser nomeado na encenação, mas que ainda carece de um lugar próprio na cena. A performance registra-se, portanto, compartilhada como prática de espetacularização do sujeito/objeto enquanto propriedade do corpo.

Uma atitude performática apresenta-se como ação (inter)mediadora, em que o corpo surge como instrumento de imagem; afinal, a partir do estado do sujeito em cena não se pode prever os (des)enlaces. Assim, afinamos essas premissas com a observação paradoxal e complexa de Armindo Bião (1996, p. 12):

> Estética performática é a experiência sensorial da expressão da alteridade; ou dito de outro modo gramatical e retoricamente reflexivo, trata-se da expressão da experiência sensorial da alteridade; ou ainda, o conhecimento da forma pela qual essas duas ações interdependentes e caracterizadoras da vida humana se revelam ao conhecimento.

No viés estabelecido pela concepção do autor, pensamos a performance como uma proposta de arte e alteridade que permite elaborar e articular as condições indicativas de redes de conversações, as quais caracterizamos como estratégicas discursivas. Esses diferentes níveis de sociabilidades, fruto das (inter)relações de performances das comunidades discursivas, podem se (inter)conectar de maneira externa e interna, interdependentes, de acordo com suas necessidades.

Desse modo, a noção de performance está concebida em atos coordenados pela prática humana, com a qual se estabelecem conectividades socioculturais entre *performer* e observador – estado de alteridade. Ou seja, a performance desdobra-se em uma (*actu*)ação estética no processo de criação, artística e/ou sociocultural, em uma ocorrência que necessariamente não se exaure, outrossim, não se esgota plenamente.

Neste capítulo, as premissas conceituais indicadas para se refletir sobre a performance podem ser articuladas como um evento/acontecimento, no qual se apresenta a dinâmica do rito, configurada nas relações interativas do sujeito contemporâneo. Tomamos emprestado da antropologia a noção de rito como lugar de passagem, estendendo-se a um *entre-lugar*.

Lembramo-nos que as fronteiras das enunciações artísticas e/ou socioculturais deslocam-se com mais facilidade no contemporâneo, tendo em vista sua flexibilidade diante das condições contraditórias e subversivas, em que esse *entre-lugar* ocorre de modo pluridimensional. Essas transversalidades apontadas pela performance anunciam as interpelações conceituais sobre os interstícios do enunciado no campo da prática e da teoria, colocando-se imbricadas, e não separadas, em sua realidade descritiva.

Performance pode ser estudada como categoria universal, ocorrendo nas mais diversas culturas. Assim, a sociedade tem vários tipos de performance, além dos momentos de reconhecimento e valorização de sua função poética, ao exibir suas características. As formas dos atos performáticos são variadas e diversas, construídas por culturas específicas.

Portanto, os pressupostos para pensar a performance dinamizam-se nessa universalidade citada, em contraponto ao desenvolvimento dos sentidos em uma ação na cultura, ou seja, mediante determinado contexto descrito socioculturalmente. A dificuldade de abordar, criticamente, o desenvolvimento de uma performance torna-se constatável por sua complexidade hibridizada na forma de enunciação, escapando aos limites oportunos de um ato "disciplinar".

Dessa forma, observa-se que essa enunciação se vale de diferentes formas de expressão artística, como dança, teatro, vídeo, artes plásticas, instalação e multimídia, entre outras. A aglutinação de diversos suportes equaciona a prospecção (dis)juntiva que se experiencia na fronteira, colaborando para a convergência de reflexões críticas sobre os processos de produção na arte contemporânea.

Este texto visa (re)apropriar-se de uma elaboração argumentativa sobre performance em razão da (des)construção do conceito de *transcorporalidades*. Assim como as estratégias discursivas, a noção de performance identifica-se com a descrição de poética, que, no conjunto sistêmico, equaciona-se para organizar o desenvolvimento conceitual. Uma vez entendidas as circunstâncias expressivas da pose, a noção de performance pode ser estudada como um momento de argüição de determinada parcela das comunidades discursivas.

Uma pose, por exemplo, conflui para uma argumentação (d)enunciativa, pois, pode delatar e/ou velar alguns aspectos circunstanciais e situacionais do sujeito/objeto em cena de forma ambígua. Mas a pose, aqui, surge no enfrentamento de uma realidade lingüística, que direciona uma condição adaptativa sob o universo da cultura contemporânea. A pose compreender como postura artificial agenciada/negociada pela performance, o que aproxima do *camp*, do *kitsch* e do *trash* (Sontag, 1987).

A performance envolvida por essa pose desdobra-se em um traço de condições adaptativas, que são elaboradas para agenciar as relações socioculturais como extensão referencial de uma manifestação que atualiza o gesto. Essa extensão referencial da pose presentifica e reforça a categoria crítica como argumento discursivo de um ato enunciativo do objeto performático.

Assim, a pose deve ser ressaltada como instrumentalizações para a dimensão da performance, pois, quando menos se espera, ela se realiza e automaticamente se desfaz, em um exercício em perpétua transformação. Em sua dimensão identitária e cultural, essa determinância da afetação do gesto e da voz circunscreve-se no movimento corporal da "louca", estilizado entre o figurino e os adereços que preenchem a cena. Conforme ressaltamos, a imagem do corpo performático pode revigorar a dispersão de conteúdos da linguagem contemporânea da cena, em uma visão exótica e estereotipada de uma enunciação discursiva.

No Brasil, a complexidade de uma situação como essa pode ser vista/lida, principalmente, nos meios de comunicação que exploram o estereótipo da noção de performance visivelmente reconhecível, ainda que esteja distante da realidade descrita no cotidiano. O conjunto de elementos parece criar uma evasão performática de efeitos que contamina a condição de corpo contemporâneo. Desse modo, o ato da performance, aqui, gera um estado quase (in)determinado, provocando questões que esbarram na discursividade constante entre sujeito e objeto.

Retomando a construção da performance e sua inscrição (dis)juntiva, fica evidente que a ação performática se estrutura pelas superposições de escrituras flexíveis e polissêmicas, caracterizadas como: o modo de falar e de agir; a participação do ator e/ou do público, que deve ser socialmente construída; o deslocamento das narrativas abordadas entre *performer* e público, bem como o uso de locais alternativos, que favorecem o improviso advindo de uma rápida preparação – o ensaio. Em outras palavras, as variantes que estabelecem uma performance compõem-se de valor poético, próprio de sua intenção transideológica para atingir seus objetivos, ou seja, tornar os atores agentes de transformação, invocando a cômoda participação do público. Estímulos, provocações e inquietações são ingredientes estratégicos da performance para ativar a participação do público.

Renato Cohen (1996, p. 69) afirma que:

> A construção da performance está apoiada numa tríade: linguagem (texto, narrativa), suporte (mídia) e atuação. Dessas inter-relações se apontam caminhos onde se delineia, de um lado, uma revolução de suportes e linguagens (amplificadoras do potencial sensível e mobilizador dos novos mídia) e de outro uma extensão da função do *performer* que passa de um artista-conceituador-interventor à dimensão de ritualizador, xamanista, catalisador de experiências e situações exponenciais.

Ao indicar essa noção hipotética sobre performance, o autor considera sua tríade – linguagem, suporte e atuação – uma essencialidade descritiva. A capacidade de aglutinar todos os referenciais necessários para comportar uma performance torna-se evasiva, pois a noção conceitual de um ato performático não se esgota no campo das possibilidades como articulação híbrida, que se refaz no paradoxo do campo das impossibilidades, embora não deva ser vista/lida na imagem do objeto como lugar de conciliações subjetivas.

Efetivamente, para tentar delinear a abrangência da performance nós a aproximamos de uma imagem "u-tópica" (um não-lugar), pois o observador depara-se com a contingência disforme da representação cênica. Assim, o descolamento faz-se necessário na performance. Concordamos com Judith Butler (apud Matos, 2000, p. 146) quando ela diz:

> Reivindicar que não exista nenhum ator [*performer*] anterior ao que é performado, que a performance é performativa, que a performance constitui o surgimento do "sujeito" como seu efeito é difícil de aceitar. A recusa de uma prioridade do sujeito, entretanto, não é a negação desse sujeito; de fato, a recusa em aglutinar o sujeito com o psíquico marca esse psíquico como aquilo que excede o domínio do sujeito consciente. Esse excesso psíquico é precisamente o que está sendo sistematicamente negado (...). A repetição é a forma na qual o poder trabalha para construir a ilusão de igualdade da identidade heterossexual, se a heterossexualidade é compelida a *repetir a si própria* de forma a estabelecer a ilusão de sua própria uniformidade e identidade, então esta é uma identidade em permanente risco.

Nessa descrição de identidade e performance, ainda podem ser observados alguns elementos circunstanciais que tentam identificar os papéis dos participantes que integram uma apresentação performática. Isto é, os meios expressivos empregados como suporte, os critérios, as normas e estratégias de interação sociocultural que compõem o cenário do evento (contexto sociocultural) e a seqüencialidade de ações que compõem o ato performático. A performance requer agrupar o planejamento estratégico de uma rede de conversações, garantindo, assim, sua confirmação, ainda que somente possa ser configurada pela inscrição contemporânea, ou seja, provisória, parcial, inacabada, mutável.

A performance manifesta-se como evento que designa segmentos do fluxo do comportamento e da experiência delimitada, culturalmente definida, que constitui o contexto da ação corporal. Os pontos relevantes da performance também surgem na experiência produzida, que pode ser descrita pelo observador, sob um olhar particular, anunciando uma sensação de pertencer àquela atividade cultural.

Essa compreensão de performance revigora as potencialidades consensuais da pragmática, do fenômeno, do desempenho, da ação, do acontecimento, do material, do processo de formalização, do estratégico e do lúdico. Portanto, enuncia-se a performance como um campo da atividade humana que se reitera pela dinâmica concebida em cena. Nessa descrição, observamos as peculiaridades da performance que agenciam uma perspectiva de negociação, dialogicidade e articulação discursiva. No entanto, a performance está distante das indicações consensuais da semântica, do conceitual, da competência e do formal, o que implica a capacidade de reorganização subversiva da transitoriedade – em fluxo de deslocamento permanente – da ação mediadora.

Se o campo da performance (des)compartilha a noção de aparência/essência do enunciado, efetivamente, o instante instaurado por ela concebe-se como o ato. Em outras palavras, interessa-nos destacar a presentificação do ato da performance, caracterizado em um *entre-lugar* das premissas tempo–espaço. Distanciamo-nos de qualquer proposição vinculada ao imediatismo, mas ressaltamos a contemporaneidade demonstrada no ato, como momento que se dissolve diante da condição de ver/ler o campo sincrético do objeto contextualizado. A noção de ato pode ser descrita como cerimônia, solenidade, rito, momento, instante, período temporal (ir)regular, criação, feito, realização, processo, procedimento, acontecimento, evento, estado presente, em suma, performance.

O *performer* (o sujeito) vê-se responsável por encaminhar o enfoque adequado ao propósito estabelecido, mesmo que possa ser observado no imbricamento entre criador-criatura-obra. Trata-se de um efeito *continuum* da performance que absorve o contexto intrínseco, embora o objetivo de performance não seja congelar/fixar um momento, mas examinar os processos de produção de sentido. Seria um movimento relacional com a platéia, ao requerer dinâmica de transformação das indagações socioculturais. Uma solução criativa da fisicalidade corporal encontra-se na dimensão enunciativa desse mesmo corpo, em consonância com o público.

Nessa tessitura sobre a performance, observamos a noção de corpo e representação comparadas ao texto de Marlise Matos (2000, p. 144-146):

> Se os corpos são puramente "matérias de significação", claro está que não podemos ter acesso a eles através da linguagem; estes não existiriam fora ou antes da própria linguagem. A "materialidade" (inclusive a corporal) não pode, simplesmente, ser reduzida à linguagem, ainda que haja uma conexão entre elas; ambas são registros diferentes. A "materialidade" do corpo, por exemplo, será entendida aqui como "energia", como "carne" (com alguma espécie de existência mínima não acessível ou mediatizável pela linguagem) que é eficaz no sentido de romper e até reconfigurar sua própria configuração. (...) O corpo (e sua materialidade) não é ausência insignificável, é matéria constitutiva e ativa de dinâmicas e práticas identitárias e culturais de gênero.

Desse somatório de intencionalidades sobre a materialidade do corpo como suporte da enunciação surge o propósito do ato performático exposto pela exibição da cena. Contudo, esse ato performático (re)estabelece uma dimensão empírica e ornamental: artística, sociocultural, política, ideológica, subjetiva. Nos dicionários, a performance normalmente é apresentada como atuação, desempenho, ocupação, e, quando encenada, pode ser considerada como tropo de uma representação, (inter)cambiando uma perspectiva de deslocamento interativo. Com isso, a idéia de desempenho na performance experimenta o procedimento como constância pluridimensional, que ocorre no ritmo interativo entre ator/*performer* (sujeito social), público e espaço da encenação (ambiente-situação). A realização da performance transmite algo que o público reconhece, assimila e, portanto, elabora um diálogo nesse processo de interação, objetivada na construção de efeitos de sentido.

A informação produzida pela performance entrecruza-se na (inter)subjetividade das arestas, tendo em vista a complexidade de um campo comunicacional presentificado no evento/acontecimento. Trata-se de uma etapa surgida da "virtualidade" da imaginação, que acompanha a atualidade do pensamento do sujeito ao explodir em uma ação corpórea do *performer*.

Aqui, ela deve ser considerada por sua manifestação convincente que, ambiguamente, aponta para além de uma negociação de troca de sentidos, para além de responder a uma expectativa. Afinal, a performance instaura o inesperado.

A imagem da performance recorre a um contexto sociocultural, situacional, circunstancional e da ordem do fenômeno, ultrapassando o curso comum do evento/acontecimento e do lugar do enunciado. Na vertente de uma atividade humana do cotidiano, a performance elege a conduta como comportamento relativo às normas socioculturais, aceitas e/ou rejeitadas, desde o regular ao escandaloso. O *performer* assume aberta e funcionalmente a responsabilidade, ou seja, tem controle de seus atos.

Talvez pudesse considerá-la como "meio de comunicação" cujo resultado visa modificar o contexto transideológico, já que sua natureza (de)marca presença ao transmitir possibilidades discursivas/argumentativas. Isso não seria questionar a origem da performance, mas estudar sua intencionalidade, pois ela se refere, de modo mediato, a um evento/acontecimento, oral e/ou gestual, na transitoriedade da "re-presentação" – um ritual sobre o corpo.

Verificamos que a noção de performance pode ser compreendida como uma interpretação/dramatização no ato (re)criado teatralmente, sem a necessidade de um texto – como uma escritura autoral: embora possa se promover com a apresentação/encenação de atores, não deve ser vista na ordem do teatro, pois independe dessa relação com o texto de um escritor. Portanto, não se trata da reprodução dramática de um texto, mas da atitude crítica que valoriza a singularidade de aspectos situacionais, diante do contexto designado por uma ação. Assim, a performance coloca-se na posição de um "parateatro" no campo da cena contemporânea, demonstrando a passagem do *happening* – uma ação imediata – para o ambiente processual de um aumento da preparação, em detrimento do improviso e da espontaneidade.

A natureza transideológica de um ato performático pode conter diferentes aspectos críticos de implicações socioculturais e político-econômicas, desse modo observa-se que seu campo de ação é transdisciplinar. A performance inclui momentos liminares e experiências afetiva, emotiva e estética que lhe são centrais. São momentos transformativos, caracterizados pela inversão e pela reflexividade. A experiência está sendo sempre (re)criada.

Vista pela comunidade discursiva, a performance política ocupa-se de focalizar determinadas versões estratégicas, que podem ocorrer em sua multiplicidade explícita ou implícita. Essas estratégias da performance podem, em sua emergência, propor um alarme ou acontecer de forma silenciosa, porém em sua consistência objetiva. Para que se obtenham melhores resultados, talvez seja a performance uma proposição contingencial em constante transformação.

O processo de criação na performance exige uma série de operações que demonstrem suas coordenadas de conduta como um percurso gerativo de informação, porque aponta o estranhamento, suscita um olhar não-cotidiano, questiona a norma e produz momentos em que a experiência está em relevo, como características dos atos performáticos. O ato performático chama a atenção dos participantes, indicando que essa produção de sensação de estranhamento do cotidiano se equipara ao levantamento de possibilidades para a construção de "novo(as)/outro(as)" idéias/ideais.

A performance distingue-se primariamente por uma situação em que a função poética é dominante no evento de comunicação. A condição adaptativa de uma função poética altera a informação e cria a possibilidade (inter)comunicacional. A experiência invocada pela performance é conseqüência dos mecanismos poéticos e estéticos, dos vários meios comunicativos expressos simultaneamente. O processo de criação da performance entrecruza-se com as condições adaptativas de um fazer poético, interessado em desenvolver, estrategicamente, uma manifestação de agenciamento entre artista, objeto e público. Desse modo, o ato performático emerge pela conduta de coordenadas consensuais discursivas que tecem poeticamente a cena, o ambiente, a situação, o lugar.

Na performance, o observador se depara com um procedimento fenomenológico – o instante fazendo-se presente na apresentação de uma argumentação. A construção da performance ocorre no momento de instauração da cena; o que vale é o depoimento plástico produzido na experiência. Constitui uma atividade cultural e/ou artística que não tem, necessariamente, um ensaio comprometido com a situação processual estabelecida pelas regras do teatro, porém subverte-se utilizando estratégias. Portanto, não se coloca o ato performático na instância da teatralidade, embora possa se aparelhar da dramatização para eleger e (inter)ligar "novos/outros" atos.

Para auxiliar o entendimento dessa noção, realizamos a leitura de autores contemporâneos (Phelan, 1998; Muñoz, 1999; Zumthor, 2000; Moreiras, 2001) que investigam a performance e suas propriedades objetivas e (inter)subjetivas, simultaneamente. Ela compartilha de um espaço transicional, em que a ação se concebe como forma de manifestação orgânica do sujeito/objeto. Entretanto, a performance deve ser entendida como um aparelho articulador de perspectivas artísticas que pode ser tanto explorada pelo corpo em sua contextualização sociocultural.

A performance não apenas se interliga como enunciação ao corpo, mas ao espaço, ainda que intermediado pela corporalidade. Contudo, identificamos a relevância da enunciação do corpo compreendida pela instância discursiva que auxilia na elaboração de condições adaptativas para a (des)construção do conceito de *transcorporalidades*. Assim, Sheila May (1999, p. 3) intensifica algumas articulações sobre a performance, visto que:

> A *performance art* [ate performática] associada à noção de simulacro – que elimina a fronteira entre natural e produzido e não reconhece identidade – nos abre as portas para *uma criação sem conotação autoral*;

> de fronteira – ou rompendo a fronteira entre – arte e vida, i.e., para uma *criação* não obrigatoriamente, mas também possivelmente, artística; ou, mais ainda, para a vida como possibilidade artística e vice-versa.

Na *performance art* não se prevê o desenvolvimento de personagem pelo ator, mas poderia afirmar que é uma manifestação quase "autobiográfica", em que o próprio *performer* dinamiza fatos concretos de seu cotidiano. Nessa situação, a performance convoca um elo que opera a relação "arte e vida", criando um espaço inédito e distanciando-se do conceito de pensar formas prefixadas: um evento, um texto, um ensaio, ocupando um certo tempo–espaço por meio de deslocamentos constantes. Todavia, o corpo se faz presente e, ao mesmo tempo, não se vê/lê enunciado, diante de uma dinâmica que reconstrói os feixes de sentidos como efeitos.

A exploração de diferentes tipos de expressões (inter)comunicacionais em uma performance pode misturar diversos recursos técnicos e estilísticos, aleatoriamente: canto, dança, poesia, videoclipe. O argumento performático engloba esse conjunto de elementos, características, contextualizando um evento heterogêneo, polifônico e (inter)subjetivo. Neste estudo, abordamos uma noção de performance crítica, em especial a produção artística como elemento situacional de eixos teóricos e categorias discursivas.

Essa noção, portanto, coloca-se na linha de pesquisa da *performance art* e dos estudos culturais, que visa implementar o momento político e transideológico da ação performática. Vale destacarmos a relação conceitual intrínseca que este trabalho apresenta, uma vez previstos os paradoxos contidos entre prática e teoria. Assim, historicamente, a performance nasce nos anos 70, na esteira da arte pop e, nos anos 80, ganha força mediante sua função contestatória.

A noção de performance vê-se acusada de transgressão e violação, ao utilizar determinadas temáticas como contestação política de ações afirmativas.[1] A dimensão de estética da transgressão do desejo enunciada, aqui, correlaciona-se à proposição empírica deste estudo sobre *corpo, mídia* e *representação*. Ao considerarem as vertentes da transgressão – que, do ponto de vista de temas contemporâneos como novas tecnologias e Aids, equacionam uma "nova/outra" ordem de paradigmas para resgatar alguns conceitos (até mesmo, sobre as condições de enunciação do corpo) – o que emerge é uma onda pós-performance. Os caminhos propostos pelo trabalho de Renato Cohen (1998, p. 17), ao estudar a performance no Brasil, podem ser observados na implementação do conceito de *work in progress*:[2]

> O procedimento criativo *work in progress*, característico de uma série de expressões contemporâneas, como processo gestador, delineia uma linguagem, com especificidades na abordagem dos fenômenos e da representação, produzindo outras formas de recepção, criação e formalização. Apesar dessa fase processual existir também em outros procedimentos criativos, no campo em que estamos definindo como linguagem *work in progress*, opera-se com maior número de variáveis abertas, partindo-se de um fluxo de associações, uma rede de interesses/sensações/sincronicidades para confluir, através do processo em roteiro/*storyboard*.

Dessa forma, seria um momento de mutação – *in progress* – para não dizer uma transmutação ou metamorfoseamento desse sujeito/objeto/corpo em um determinado contexto sociocultural. A (des)construção da performance, com a abertura proposta, indica que os novos suportes tecnológicos

---

[1] A partir de Michel Foucault, o primado do discurso (do texto, da palavra e do significante-mestre) é relativizado pela proposição de uma "estética da transgressão" e pelo consciente. Teríamos assim a linguagem não discursiva, a "contramemória", em que é possível encontrar uma dimensão crítica e ao mesmo tempo estética para os gêneros.

[2] O autor traduz a expressão *work in progress* por "trabalho em processo". Esse procedimento tem por matriz a noção de processo, feitura, iteratividade, retroalimentação, distinguindo-se de outros que partem de apreensões aprioristicas, de variáveis fechadas ou de sistemas não-iterativos.

midiáticos apontam interseções com a arte-performance, viabilizando e amplificando a escritura de hipertexto e a realização de trabalhos *in progress*.

Não obstante, gostaríamos de refletir neste momento sobre a noção de performance para além da produção artística e sua comensurabilidade representacional, ao suplementar uma proposição de natureza transideológica, enveredada por uma inconstância processual. Acreditamos perceber isso na concepção idiossincrática das estratégias discursivas, que abordamos ao longo deste estudo. Se, por um lado, ocorre um evento/acontecimento, inscrevendo-se como questão fenomenológica, por outro, as resultantes configuram uma "novidade" imanente da expressão performática.

Grupo Corpo

Este tópico tem como proposta apontar o corpo na publicidade contemporânea brasileira, ao observar as estratégias discursivas eleitas no campo da performance dialogando com a comunicação, com ênfase especial na imagem. Nesse sentido, utilizamos como objeto de leitura um anúncio publicitário da obra coreográfica *Santagustin* (2002) do Grupo Corpo, a fim de verificar no viés da metalinguagem as inscrições criativas entre performance, dança e publicidade. A (des)construção desse olhar implementa-se pela inserção criativa do trabalho desse grupo em diálogo emergente com a noção de performance.

Indubitavelmente, o Grupo Corpo é um representante pontual da dança contemporânea brasileira cujo vocabulário coreográfico surpreende o público nacional e estrangeiro. Objeto de investigação deste ensaio, esse grupo mineiro de dança propõe uma (re)configuração competente do movimento físico do corpo, que enlaçada, neste texto, pelo viés da publicidade. As habilidades dos(as) bailarinos(as) convocam um espetáculo singular, apoteótico, de modo notável, que ressalta com grandeza a estratificação plástica, estética, artística. Ao aproximar essas demarcações poéticas do balé aos desvelamentos publicitários do Grupo Corpo, enuncia-se – nessa metalinguagem – um espaço fértil de discussão teórica sobre a representação do corpo contemporâneo.

Nessa dinâmica conceitual, interessa-nos observar as potencialidades criativas que suscitam "novas/outras" imagens corporais deslocadas, sobretudo no universo da dança e da mídia ao transversalizar-se pela linguagem performática. As enunciações de forma e de conteúdo (suporte e tema), portanto, desdobram as (re)configurações socioculturais das noções de performance, corpo e *transcorporalidades*.

Ao traçar esse breve relato sobre o corpo, organizamos um panorama entre publicidade, performance e dança, cujo encontro agencia/negocia as condições adaptativas dessa noção de corpo como dispositivo e tema. Corpo, imagem e polifonia, portanto, parecem designar o projeto coreográfico do Grupo Corpo, promovendo o (inter)câmbio de metáforas cuidadosamente distribuídas entre os dispositivos e os enunciados plásticos da dança contemporânea brasileira. O corpo em sua materialidade física/anatômica, na dança, é explorado como suporte e/ou tema. Assim, observamos sua (inter)mediação polifônica de um campo híbrido da imagem (e sua visualidade) formado pela publicidade no diálogo com a dança.

Se, por um lado, o corpo no balé aborda o tratamento técnico da dança, por outro, ele reveste-se de intersubjetividades para dizer algo ao público. A experiência de acompanhar os passos dos(as) bailarinos(as) demonstra uma recorrência discursiva do corpo, operacionalizando-se como dispositivo que gera a enunciação. Na publicidade, o corpo performático também emerge como mecanismo discursivo, capaz de dizer algo estético/poético, porém visa alguns desenlaces progressivos propondo anunciar um produto e/ou marca. Embora esses objetivos pareçam distintos, há um intercâmbio conveniente entre a dança e a publicidade. Se a dança quer a arte, a publicidade quer o mercado, e, nesse caso, ambos estão intrinsecamente agenciados.

A mecânica do corpo e o movimento coreográfico dos(as) bailarinos(as) são ações intersubjetivas dessas *transcorporalidades*, pois a junção do prazer de dançar e o esforço físico competem ao corpo de baile nos ensaios, mas, sobretudo, no clímax do espetáculo. A coreografia performática, portanto, enuncia-se como fluxo de transformações discursivas, que amplia as condições adaptativas entre o organismo e o ambiente.

Diante dos diagnósticos sensoriais, o uso do corpo, enquanto linguagem, permite a captação e a distribuição de mensagem, cuja noção (de corpo) implementa os desmembramentos dos níveis da apreensão perceptiva e cognitiva da platéia. Isso ocorre a partir de uma combinação de fragmentos criados pela narratividade corpórea, segundo Humberto Maturana (1997). São dois corpos – de baile e a platéia – que no episódio do espetáculo se vêem acoplados pela contingência da dança. Todos se movimentam juntos. Todos dançam!

Há uma combinação de elementos circunstanciais exibidos na cena, assim como há uma transposição de processos criativos entre a dança e a publicidade cujos instantes de preparação e apresentação dos resultados colidem. A gestação coreográfica no ensaio da dança proporciona o espetáculo, tal qual o planejamento estratégico da publicidade aciona a divulgação de um produto/marca. Ambos inscrevem as amarras discursivas que, no estado híbrido da recepção (decodificação), condensam os enunciados.

Nesse contexto, escolhemos uma fotografia publicitária assinada por José Luiz Pederneiras do espetáculo *Santagustin* (2002), com coreografia de Rodrigo Pederneiras. A mesma imagem está inserida em dois catálogos diferentes que anunciam o espetáculo: um, mais formal, apresenta a letra da música composta por Tom Zé e Gilberto Assis, além de um conjunto de nove fotografias; enquanto o outro é mais alternativo (entende-se, aí, criativo), feito de papel jornal com uma colagem em mosaico de diferentes formas e tamanhos de tíquetes de espetáculos anteriores. Essa última versão de catálogo apresenta um tratamento intertextual entre dança e publicidade e condensa algumas anotações de jornalistas e críticos, além de repetir, pontualmente, uma imagem que passamos a descrever.

A fotografia apresenta dois bailarinos no centro da cena, que formam um *pas des deux* (um par, uma dupla). O rapaz da direita sustenta a postura de seu corpo ereto, esguio, em metatarso (quase nas pontas dos pés), com as pernas abertas. Projetando sua força física para o alto, sustenta com a mão direita o outro colega, negro, que salta um *grand plié* (posição brusca que eleva os joelhos para cima, ao aproximar os pés do tronco). Esse erguer acrobático enuncia um vôo para o centro da cena, criando unidade entre os dois corpos. Nesse instante, o bailarino negro assume uma pose que transversaliza os braços em dois raios opostos, distintos, que promove o encaixe da posição do corpo. Forma-se uma linha diagonal na imagem enquadrada. Esse parece ser um momento intenso da coreografia, quando o registro fotográfico capta os olhos do jovem que, ao pular, observa o parceiro. Esse último o mantém no alto com o encontro firme das mãos. Ambos estão concentrados em meio ao rigor da técnica coreográfica, simulando cumplicidade.

A agudeza da imagem recobre-se pela tensão nas pontas dos dedos das mãos esticadas. É o que escapa e remete ao sistema complexo de peso e leveza. Esses movimentos com as mãos dinamizam um prolongamento imaginário para o espectador. O esforço corporal é inevitável de ser apreendido, mas a plasticidade desse encontro também ressalta aos olhos do público um quê de eroticidade, de envolvimento. Mais do que afetividade, há uma *transcorporalidade* que se (des)constrói na trama da cena, no ato do encontro dos corpos. São dois corpos masculinos, jovens e robustos. São duas graças "divinas": potenciais corpóreos que assinam uma marca intersubjetiva.

O figurino de Ronaldo Fraga é uma malha colante de corpo inteiro, sem mangas, contornando o desenho corporal dos bailarinos como uma descrição dos músculos. Entre diversas demarcações nas vestimentas que simulam alguns orifícios, a metáfora do corpo aparece, revigora, ressalta aos olhos do espectador/observador. Do estético ao poético, os cabelos curtos e a maquiagem carregada ajudam a traçar as expressões extrínsecas ao corpo, divididas em gestos e faces. A aparência da forma!

Já a descrição do ambiente fotográfico, o palco, exibe o quadro da cena ao contrastar fundo, frente e chão, sendo as laterais (direita/esquerda) banidas, assim como o teto. Ao fundo do palco, uma cortina de teatro ondulada e avermelhada esquenta o lugar. As luzes apenas marcam as laterais direita e esquerda do palco, simultaneamente, de forma pontual. No contraponto da cena, as cores vermelha e verde destacam-se em tons vibrantes entre matizes/variantes quase de cores sintéticas entre o verde-limão e o *pink*. O chão liso reflete – como um espelho – os pés do bailarino da direita.

Evidentemente, ver/ler um espetáculo de dança contemporânea não seria o mesmo que navegar pela fotografia. Mergulhar em uma imagem fixa requer uma apreciação diferenciada da ocorrência do espetáculo. Há um jogo controverso de experiências, discursos e imagens que acionam a sedução e a persuasão publicitária entre o apoio (de um no outro) e a energia transfigurada pela corporalidade da cena. São efeitos de *transcorporalidades* precisas.

Nesse conjunto, também ressaltamos a redação publicitária como dado significativo. O *slogan* destacado no alto, à esquerda da cena, sugere:

> Os passos do Grupo Corpo envolvem apoio e energia
> Percebeu a presença da Petrobras?

E complementa com outra frase centralizada, abaixo, como quem eleva o corpo de forma sutil:

> Usando sua energia e apoiando talentos como o Grupo Corpo.
> É assim que a Petrobras está presente como a maior patrocinadora cultural do País.

A energia do corpo perfaz a energia do Grupo Corpo, bem como do patrocinador Petrobras, além do Ministério de Minas e Energia do

Governo Federal. Essa perspectiva de acionar termos como "apoio" e "energia" incorpora a argumentação da publicidade aos efeitos de *transcorporalidades*. Observa-se no rodapé do anúncio a mensagem do patrocinador cujo *slogan* "o desafio é a nossa energia" depara-se ao lado com o outro *slogan* "Brasil, um país de todos", referência ao Governo. Diríamos que, agora, o corpo se transforma em imagem, que envolve a dinâmica mercadológica da cena. Experiências midiáticas traduzidas pela experiência corporal, em um nível qualitativo em que os objetos giram em redor do corpo.

Diante das anotações dessas pérolas que se entrelaçam entre os diferentes códigos verbais e visuais, o planejamento da mídia impressa conecta, estrategicamente, uma série de elementos díspares que complementam essas anotações sobre corpo. Na extensão da noção de corpo apresentada pelo anúncio publicitário, o próprio corpo surge como aglutinador de mensagens. Nessa leitura crítica não seria diferente também, pois o corpo parece ser o adereço confortável para agenciar/negociar esses aspectos circunstanciais entre a dança e a publicidade.

Evidenciamos o trabalho artístico, estético, performático e poético do Grupo Corpo, nessa metalinguagem, como possibilidade de inferência das noções de corpo no âmbito da cultura brasileira: antropofágica, cabocla, erótica, exótica.

De um lado, surgem as premissas que demonstram um possível despojamento cultural brasileiro, ao evidenciar o corpo com certa facilidade e, sendo assim, elas consideram as relações afetivas/subjetivas endossadas pelo contágio do despudor: uma condução aberta nos interstícios enunciados de aproximações socioculturais. De outro, os estudos culturais apóiam-se no discurso pós-colonial, ao testemunhar as narrativas contemporâneas, sobretudo na mídia, como referência aos fundamentos ultrapassados do colonialismo. Infelizmente, o avanço nas experimentações de noções individuais de corpo e performance são lentos, como um estágio libertário da massificação midiática.

As reiterações de novos paradigmas, aqui ambientados pela cultura tecnológica digital, fazem do corpo a expansão enunciativa desse inquieto objeto de articulações discursivas, embora advertido pontualmente pela crise das representações. A atmosfera dessa cultura tecnológica inscreve o colapso das representações corporais contemporâneas: provisórias, parciais, inacabadas, efêmeras. Emerge, portanto, um território consolidado de agenciamento e negociação, que equaciona a incomensurabilidade das representações corporais, distribuídas em diferentes vertentes materiais e simbólicas, mas que não deixa de manter a pertença contemporânea de um sistema lingüístico múltiplo, plural, heterogêneo. São recorrências complexas de sistemas que deflagram a diversidade substancial do corpo na atualidade. Essas recorrências surgem como experiência de relação, troca, manifestação e interface, que o corpo expressa diante da cultura midiática digital.

Navegando entre arte, ciência e comunicação, observamos um contexto de diferentes pesquisadores das ciências humanas ao dialogar sobre o universo emergente entre corpo e tecnologia. Nesse ambiente de produções conceituais-teórico-metodológicas, comemora-se o frutífero encontro de áreas que permeiam a cultura digital. Essa coleção de perspectivas do corpo digital resgata as idéias e promovem, agora, uma ampliação das discussões conceituais sobre o corpo que perpassa as atualizações tecnológicas.

Nesse sentido, este capítulo assimila pressupostos sobre o corpo digital que se interconectam. As manobras desse encontro entre corpo e tecnologia são construtos teóricos e, por que não arriscar, poéticos, que nas suas variantes de pensamentos arrojados promovem uma escritura discursiva. Assim, apresentamos algumas considerações acerca de experimentações conceituais entre corpo e tecnologia. Com isso, exploramos algumas passagens e desafios críticos que se intitulam entre enunciações e tratamentos, advertências e subjetividades, cultura e representação, além de observarmos alguns projetos e experimentações que desdobram e implementam a condução deste estudo.

O debate aqui parte da premissa de que as linguagens do corpo contemporâneo expõem diferentes estratégias dos enunciados e podem ser vistas/lidas na dinâmica sincrética das interfaces tecnológicas. Nessa perspectiva, o texto aponta um desafio da representação do corpo acéfalo, utilizando-se de uma (des)construção de corpo-limite no contemporâneo, ao exemplificar as provocações de artistas que esticam e usurpam o corpo como instrumento de (trans/a)gressão. A imagem irreversível possibilita um corpo irreversível (Cabral, 2004): território e objeto bifurcam-se em tomadas conceituais, abordados pelo autor sobre espaço, imagem e mídia expandida. Nesse conjunto, elaboramos uma síntese entre o digital e o corpo, a qual instrumentaliza os choques culturais do contemporâneo. Nesse caso, o corpo emerge como tecnologia.

(Re)conduzir a noção de corpo como paradigma da contemporaneidade requer observar a dimensão experimental que atualiza conceito e prática, sobretudo no campo hipermidiático. Dessa forma, este trabalho anuncia um corpo digital múltiplo de matilhas e arrebata as circulações espaciais propostas pela interatividade labiríntica da cibercultura. Também essa condição adaptativa de "ciber" aponta a ficção científica como morada do corpo tecnológico para uma dispersão de interfaces cérebro/computador, ao investir no ponto de vista da máquina. Assim, o corpo pode ser também abordado por meio da tecnologia.

Somos instigados a refletir que no universo da arte, da ciência e da comunicação os procedimentos de mediação do corpo remetem à configuração de uma identidade (real, virtual, ciborgue, digital), portanto, efêmera, inacabada, parcial e provisória. No entrecruzamento entre arte, ciência e comunicação, a dimensão de tecnologia concilia e explode uma dinâmica de corpo hipermidiático atualizado com os instantes reflexivos e sua discursividade enunciativa das tecnologias contemporâneas.

Aqui, o pensamento penetra a literatura para refletir o corpo contaminado de visualidade e disposição (inter)subjetivas. Tratamos sobre a antropologia das aparências, em que *espetacularização*, *performance* e *exibição* tornam-se componentes desse tratado multimídia. Pondera-se acerca de um corpo imanente/transcendente, fecundado por argumentos filosóficos. Apontamos, assim, uma crítica sobre o esvaziamento da forma na constituição da materialidade corporal para o mercado. O corpo, aqui, dialoga com a tecnologia para além de um *entre-lugar*.

Os projetos experimentais desse corpo digital desdobram-se como desafios pragmáticos no contemporâneo. A dimensão de imagem, experiência e subjetividade recobre os deslizamentos incessantes entre vídeo, performance e/ou instalação coreográfica, em um diálogo poético do debate crítico e a leitura minuciosa de alguns processos de criação em que o corpo torna-se elemento pontual. Os resultados mostram depoimentos de grupos (atividades coletivas) que relatam a experiência do uso do corpo digital em diferentes dispositivos. A manifestação do corpo contemporâneo está aí. Bem-vindo ao baile de máscaras!

O corpo na atualidade surge como objeto midiático que traz consigo elementos de reflexão e de leitura, articulando suas dependências às proposições biotecnológicas. Ao divulgar um corpo padronizado, que se aproxima da máxima valorização da imagem, a mídia implementa uma referência hegemônica e dominante da representação do corpo. Ou seja, os artefatos impostos redimensionam a idéia de um corpo humano (feito de carne e osso), portanto possível de ser absorvido, para dar lugar aos efeitos visuais (superficiais) incorporados pelas novas tecnologias digitais de um corpo virtual, isto é, redesenhado pela programação de computadores.

As inovações tecnológicas têm contribuído significativamente para as transformações corpóreas em profundos movimentos hibridizados. No campo da arte, da ciência e da comunicação, as diferentes abordagens conceituais, teóricas e metodológicas sobre o corpo contemporâneo conduzem à reflexão dinâmica de condições adaptativas e estratégias discursivas, que aparelham os mecanismos da cultura digital e suas adjacências enunciativas.

Assistimos, com perplexidade, às (trans/de)formações de "novos" corpos que surgem na sociedade, instaurados pela articulação midiática e tecnológica da informação e da comunicação. São elucidações imagéticas que se (des)materializam diante do observador, espectador, usuário, consumidor. Esse corpo que citamos estende-se à noção de (des)materialidade e, como tal, estende-se à imagem, imbuído de uma (re)configuração visual.

Aqui emerge um território consolidado de agenciamento e negociação, que equaciona o colapso das representações corporais, distribuídas em diferentes vertentes materiais e simbólicas, mas que não deixa de manter a pertença contemporânea de um sistema lingüístico múltiplo, plural, heterogêneo. A reiteração de novos paradigmas faz do corpo a expansão enunciativa desse inquieto objeto de articulações discursivas, ambientado pela cultura tecnológica, embora advertido pontualmente pela crise de suas representações. São recorrências complexas de expressões que deflagram a diversidade substancial do corpo na atualidade. Essas recorrências emergem como experiência de relação, troca, manifestação e interface, em que o corpo surge perante a cultura midiática. O corpo que relatamos, neste instante, navega no *entre-lugar* findado nos eixos de estratégias discursivas do real e do virtual e vice-versa. Imprime-se a estratosfera (inter)cambial de um corpo hipermidiático!

Como procedimento de pesquisa que dinamiza esses dados, os objetivos aqui expostos se organizam por:

- (re)considerar as matrizes tecnológicas como espaço de contingência corpórea;
- examinar o surgimento de "novas/outras" noções do corpo;
- refletir sobre a (re)apropriação de conceitos de identidade, cultura e tecnologia;
- investigar as atualizações sobre a experiência corporal no universo digital.

Na verdade, esses objetivos são tentativas insólitas do ponto de vista audacioso de sua grandeza, antes, porém, demonstram determinadas diretrizes do percurso gerativo deste estudo. Lembramo-nos de que, nessa empreitada, tem surgido uma série de pesquisas, no País, interessadas no tema corpo entre experiências e traços contemporâneos. Diante desses escopos, consideramos as explicações científicas atuais recortes metodológicos que amparam o olhar conceitual nessa dimensão de corpo e tecnologia, uma vez que nos apoiamos nas teorias críticas contemporâneas em consonância com os meios digitais.

A cibercultura, por exemplo, investe em uma arquitetura flexível: um espaço complexo, sofisticado e sintético de tratamentos epistêmicos para pensar as manifestações das tecnologias, da linguagem e da representação contemporânea, uma vez que organiza uma teia de informações distribuídas por certo grau polifônico, que toma conta dos processos virtuais. Essa condição de ciberespaço destrincha-se em um ambiente artificial de requisições computacionais, que são detectadas pelas redes de comunicação e de informação. Assim, a cibercultura abomina as regularidades competentes de um sistema unívoco para partilhar do encantamento virtual à telepresença e sua interconectividade.

Em decorrência da fragmentação dos processos de interatividade, parece-me que quanto mais distantes se encontram os corpos dos usuários, em termos de geografia, melhor para os contatos intermitentes, visto que esse procedimento interpenetra a noção de imersão e de navegação do/no corpo à experiência ciberespacial em um movimento de interface neural, cognitiva, cerebral e/ou computacional. Na condição de linguagem que se apóia como linguagem inteligente, o ciberespaço contabiliza-se na inteligência coletiva que reposiciona o virtual, em constantes mutações. Fora de qualquer materialidade, a competência da cibercultura forma-se em modulações autônomas de hipermídias cujo movimento heterogêneo, movediço, demonstra a instantaneidade de tempo–espaço.

Nesse contexto tecnológico, o corpo emerge como estratégia discursiva, capaz de se articular a partir da implementação do digital, ao enunciar alguns desdobramentos sobre a imagem corporal diante da instância figurativa acoplada, em um ferramental de dispositivos técnicos, aos efeitos visuais sobre o próprio corpo deslocado. Repensar o estatuto do corpo no ambiente tecnológico faz parte da tarefa de observar as práticas culturais contemporâneas e os "novos/outros" paradigmas que diversificam as concepções sobre o objeto corpóreo.

Há um arsenal persistente de (idéias/ideais) projeções discursivas que visam (re)posicionar a noção de corpo na interface de suas extensões orgânicas e enunciativas do universo digital. Antes, porém, queremos ressaltar a pontualidade com que investigamos essa estratificação da imagem corporal no contexto da cultura contemporânea.

A transversalidade da relação corpo e tecnologia inscreve a (re)configuração de dispositivos e temas como mediações, modelações, interfaces, cibercultura, próteses e ciborgues, em que os argumentos tangenciam marcas de experiência, subjetividade, afeto, desejo, erótica, gênero. Esses desdobramentos inserem as nuanças poéticas que necessitam de mudanças conceituais, tendo em vista a atualização dos dados contemporâneos. Admitimos que o território do corpo, diante das questões epistemológicas e ontológicas, demonstra um (inter)câmbio de objetos, nos quais os argumentos estendem suas intenções intelectuais, políticas, ideológicas e socioculturais. De modo geral, verificamos algumas inquietações conceituais, que julgamos pertinentes.

Perguntamos: corpo que a ciência pode intitular sua "evolução/progresso" e a mídia o espetaculariza? Mas como pensar esse casamento do corpo no encontro com as tecnologias? O que se conhece sobre a tecnologia eletrônica/digital? Quais os processos que implementam o desenvolvimento humano? Por onde passa a guisa das experimentações do corpo contemporâneo? Como observar a exibição do corpo pela mídia? Quais os parâmetros sobre a noção de corpo que influenciam o consumo mercadológico? Que tipo de performance e de categoria se exerce diante do antigo cruzamento natureza *versus* cultura e/ou natural *versus* artificial? Podemos falar em avanço tecnológico e sociocultural com a sistematização de estruturas nas relações humanas?

As indagações são muitas e imprecisas, pois a gama de temas que perpassam a (dis)junção de corpo e tecnologia refaz o pensar contemporâneo sobre alteridade, consumo, estética, ética, economia, diversidade etc. Essas perguntas também podem ser consideradas provocações para suscitar o debate conceitual-teórico-metodológico acerca da noção de corpo contemporâneo, embora tenhamos perseguido incansavelmente essa possibilidade de (des)construção discursiva. Confessamos que os desafios de estudar o corpo podem ser apavorantes e/ou angustiantes para alguns pesquisadores e felizes para outros, dependendo das causas e das necessidades.

Investe-se no desenvolvimento de uma mecânica corporal cada vez mais competitiva com as "novas/outras" tarefas contemporâneas, como o teclado, a tela ou o *mouse* do computador – da prótese ao silício. Na cultura do *design* a adequação do cilíndrico ao úmido faz parte do *labor*, porém aqui tenta-se readaptar de forma inversa: observar o corpo perante as condições maquínicas. Na concorrência com os artifícios digitais, a atenção primeira ao corpo (re)força um foco de luz na sua natureza transideológica (Hutcheon, 2000), em vez de glorificar, estritamente, a máquina computacional. O despudor perfaz a automatização dos aparelhos sem fios e equaciona as "novas/outras" experiências contemporâneas, que consolidam a performance cotidiana do corpo: do teclado ao *mouse*, do veículo ao robô.

O formato de qualquer *design* de objeto perfaz uma condição indicativa de tecnologia ao ajuste anatômico do corpo, via disposto de uma adaptação performática. Um desenho compacto do *mouse*, do estofado, do tênis constitui projetos que se adaptam ao formato (curvas, voltas, contornos) do corpo, como um investimento anatômico que possibilita fluidez de atividades socioculturais. Diríamos mais, que a leitura anatômica desse *design* externaliza a manifestação do objeto em justaposição ao corpo. Assim, a justaposição – corpo/objeto – potencializa a aceleração tempo–espaço, ao dinamizar a pulsão (explosiva) compartilhada do corpo com os avatares – as transformações – tecnológicos (digitais), que a humanidade tem presenciado, paulatinamente. O *locus* citado torna-se atividade relacional de tempo-espaço nas circunstâncias computacionais de conectar e armazenar dados.

Do humano ao não-humano, ou ainda, ao pós-humano, são noções que contextualizam a imagem do corpo ressaltadas aos olhos do observador/espectador. Nessa esteira de possíveis parcialidades e combinações compreende-se um contingencial que auxilia na (des)construção de uma imagem corporal contemporânea. Pensamos que a interseção dessas diferentes combinatórias solidifica os argumentos, em que o corpo aparece como elemento-chave do enunciado. Em síntese, as proposições de (não/pós)humano fomentam um estado híbrido cuja distensão (inter/trans)textualiza a condição adaptativa do corpo. O resultado dessa distensão ocorre na intercambialidade postulada pelas invenções tecnológicas que redimensionam a manipulação das informações, sobretudo ao enunciar o lugar ideal do corpo como um ato de virtualização. Distante de uma realidade precisa, porém tão perto do desejo, é claro!

O lugar do corpo, assim, aparece como uma prognose de artifícios discursivos — abertos, em constantes transformações. Exercita-se, desta forma, a produção de saber, a fim de contribuir para o avanço intelectual de conhecimentos, estudos, pesquisas e trabalhos conceituais sobre o corpo contemporâneo implementado e surpreendente, por esse ar digital, virtual, hipermidiático. Tentar conhecer o corpo torna-se fator situacional da busca para conhecer a si mesmo. O lugar do corpo, nesse ambiente atual, evidencia-se no questionamento crítico que se deve realizar em dias de projeções computacionais, sem considerar, exatamente, que há uma resultante como resposta!

Na cena contemporânea, tratamos de *transcorporalidades* que tecem "novos" artifícios visuais, desdobradas pelo deslocamento e pela condensação de objetos corpóreos nos seus diferentes contextos. Nessa leitura crítica, tornamos o visível invisível, na medida em que propomos a elasticidade transcorporal, destacando a plasticidade iconográfica que (re)vela os argumentos extrínsecos. A pele e a imagem ativam os aspectos de eleição dessa leitura corporal. A noção de *transcorporalidades* evidencia os elementos discursivos que escapam, diante de seus efeitos, sem incorporar exclusivamente a (i)materialidade, mas promulgar a imagem do corpo. São idiossincrasias que na sua (trans)versatilidade possibilitam o deslocamento do corpo, uma vez instauradas na incomensurabilidade do objeto. Nesse percurso, tentamos (des)vendar as narrativas intersubjetivas da imagem contemporânea.

Experimentações virtuais

O corpo que anunciamos, neste texto, perpassa o figural, conforme apontamos anteriormente. Diante desse pressuposto, a reflexão que tecemos suplementa-se na composição discursiva do trabalho visual que este autor desenvolve como artista, utilizando fotografia, vídeo e instalação multimídia. Da teoria à prática, o exercício artístico ajuda a pensar as possibilidades instrumentais de desenvolver uma reflexão crítica e, ao mesmo tempo, criteriosa sobre o cunho das manifestações (visuais) do corpo contemporâneo.

Ver/ler o corpo a partir do figural, ou seja, sua imagem, implica ampliar a (des)construção conceitual das vertentes contemporâneas sobre o corpo, seus deslocamentos, condensações e aportes (inter)subjetivos. O corpo, dessa forma, surge como figuratização retórica da morfologia sincrética de referenciais. Os primórdios de uma imagem corpórea não podem ser, na íntegra, o fetiche do objeto. A atmosfera do corpo emana um bloco de energias enunciativas/discursivas cuja usina de idéias subverte e extrapola, estrategicamente, os sistemas de representação contemporânea. Em detrimento das experiências contemporâneas, tentar expandir as formas de expressão do corpo, a partir das tecnologias, implica enunciar uma gramática hipermidiática capaz de empreender novos resultados. Os predicativos do corpo no universo digital são rasgaduras propostas pelos embates das estratégias discursivas, que se entrecortam de escrituras hipermidiáticas não assentadas.

Nesse contexto, a cultura digital converge para os suportes hipermidiáticos em uma diluição de perspectivas visuais cujos meios (re)inscrevem o lugar da imagem, em especial o corpo virtual. Enfrentar a informatização do corpo requer presenciar a biodiversidade atrelada à lógica dos aparatos técnicos digitais, uma vez que o devir contemporâneo demonstra um corpo multifacetado, dotado de processualidades sintéticas – artifícios. Essa lógica do corpo hipermidiático, em (dis)junção com a imagem, elabora descompassos dos domínios discursivos, como expressão sincrônica da contemporaneidade.

Exploramos, assim, a condição imagética do corpo, ou seja, sua exterioridade, a fim de confluir com os aspectos paisagísticos do contexto visual. Evidentemente que esse processo se conecta às questões internas, mas é na (inter)mediação dessa expressão superficial que registramos os vestígios poéticos e estéticos, enquanto dispersão artística. Assim, a inscrição epidérmica faz-se imagem somada pela gestualidade e pela performance. Dessa forma, movimento e deslocamento (des)constroem a cena corporal que investigamos conceitualmente. A leitura crítica do objeto corpóreo amplia-se na medida em que tecemos um elo pragmático entre fazer/saber e vice-versa.

Diante da noção de imagem corporal, a espetacularização do corpo na cultura das mídias contemporâneas parece constituir a vontade de eliminação da distância entre o produto/marca e o corpo como suporte da mensagem publicitária (Garcia, 2003). A junção entre produto e corpo são ressonâncias de uma imagem imanente, que articula a continuidade fortalecida pela presença visual do corpo como estratégia discursiva. De modo paradoxal, o corpo torna-se banalizado pelo seu uso violento e ostensivo na mídia, ainda que sua imagem continue potencializando resquícios de identificação – observador/observado. Essa produção de imagem corporal demonstra a cooperação de categorias discursivas e cargas afetivas, que descrevem o corpo como interstício visual na dinâmica do *entre-lugar*. A contextualização da imagem pesquisada confirma-se, também, pela argumentação híbrida do próprio corpo. Assim, esse amalgamar de relevos imagéticos esboça orifícios e depressões táteis que plugam o corpo no ambiente.

A pele transforma-se em tela e em moldura. Os contornos (ir)regulares dessas superfícies dispõem de uma mancha que a fotografia e/ou o vídeo acusam como estado híbrido/alterado. Nesse fluxo, a sensibilização do suporte – corpo – inscreve um conjunto de linhas, traços e rastros, como eixos oblíquos na sua própria (inter)cambialidade de argumentos. A imagem corporal nos fascina como síntese material de uma manifestação não-programada, pois ocorre na (dis)junção competente e metafísica de tempo–espaço. Em outras palavras, a proposição traduzida pela diacronia e sincronia culmina em um ato visível/lisível entre corpo e imagem ao ponto de estarem imbricados em uma unidade semiótica, que tratamos como campo não-hermenêutico (Gumbrecht, 1998), que concilia os efeitos de sentidos. Ao abandonar essa busca incessante pelos sentidos, análise ou interpretação do objeto, ponderamos as nuanças inscritas pelo corpo e pela tecnologia.

Pensamos em um corpo vivo, mas polimorfo, que se expressa para além da mera representação para dinamizar seus enunciados no vértice das mutabilidades contemporâneas. Urge um quê virtual. Nessa produção, a imagem não seria o avesso do corpo, e sim a extensão discursiva que também faz parte do corpo. A multiplicação das representações do corpo contemporâneo, na sua complexidade, amplia as (re)definições que acercam as experiências intersubjetivas. Assim, a mediação de qualquer produção cultural sobre o corpo perpassa, hoje, por um instante incomensurável, sobretudo na cibercultura. Incorporar a virtualização do universo tecnológico implica semear transcorporalidades que enunciam a imagem: uma área de contaminações filosóficas articulada para além de uma dimensão fisiológica do corpo.

A noção de imagem, nesse veio, embute uma constelação de possibilidades de escrituras corpóreas, em que as transcorporalidades perpassam. A imagem é! Estar diante desse figural condiz com as malhas de argumentos visuais que elegem o campo sensorial pertinente com a expressão do corpo. Essa pertinência não acumula uma exaustão imanente, mas subtrai a condição adaptativa para pensar as (inter)subjetividades desse corpo hipermidiático, sobretudo no âmbito virtual. Pela imagem do corpo, pode-se (re)conhecer a si mesmo, bem como diferenciar-se do outro, que nesse (des)construto elege uma integração existencial: um reflexo no espelho (de vidro, de água), uma fotografia, uma imagem digital na tela do computador. Os meios agora são variados e são muitos também, mas o (re)conhecer continua a valer. De fato, o registro da imagem do corpo ocupa um espaço dinâmico que designa a impressão do código semiótico visual cujas arestas perfazem as argumentações do universo tecnológico.

Nessa perspectiva, os corpos virtuais e sua imagem atravessam as fronteiras ao ultrapassar os limites impostos pelas categorias classificatórias de determinada visão de ciência. A tecnociência se faz para além das descobertas do genoma, como uma demanda crítica e flexível do pensamento contemporâneo. O colapso das classificações estruturais sobre o corpo contemporâneo rompe-se, perde-se, entre o movimento líquido das interfaces e as camadas instáveis de probabilidades tecnológicas. O corpo hipermidiático coabita as fronteiras de universos e culturas não estabelecidas. Essas assertivas traduzem o corpo em conseqüências éticas, estéticas e socioculturais.

A metafísica do corpo cede lugar à imagem corporal diante da disposição estrutural de forma/função, da qual não nos aproximamos. O caminho conceitual que pretendemos seguir na (dis)junção competente de corpo e tecnologia investe na flexibilidade do campo não-hermenêutico (Gumbrecht, 1998), conforme ressaltamos anteriormente.

Nesse tratamento conceitual, elegemos uma proposição material sobre o corpo biológico, genético, orgânico, neural, inserido de sistema imunológico, DNA, visto que nos interessa passear pela manifestação cultural do corpo e de sua representação discursiva, ou seja, a linguagem. Essa descrição dos aparelhos fisiológicos perpassa a linhagem da ciência que expõe a "evolução" das espécies, mas, de fato, repousamos nossas reflexões sobre o desenvolvimento humano diante das invasivas tecnológicas na cultura. Como um paradoxo, portanto, o foco desse escopo está na linguagem e não, radicalmente, na carne. Isso é outra coisa!

A robótica, bem como as ações protéticas (des)ajustam a relação corpo/máquina como estrutura molecular que aglutina e injeta no corpo nanotecnologias. Do seco ao úmido, o (des)encarnar do corpo para uma proposição sintética, artificial, expõe as novas iniciativas e diretrizes do pensamento humano. Esse encontro corpo/máquina dispõe uma aceitabilidade concernente dos enunciados cujos argumentos evidenciam (des)construção do corpo contemporâneo. Segundo, a reconhecida máxima de Stelarc – "o corpo é obsoleto" – investe em uma discussão sobre a presentificação/vivificação da carne. Conforme argumenta o artista (1997, p. 61):

> Plugados na tecnologia da Realidade Virtual, os corpos físicos são *transduzidos* em entidades-fantasmas capazes de atuar dentro de espaços de dados e digitais. A natureza tanto dos corpos quanto das imagens foi alterada significativamente. AS IMAGENS NÃO SÃO MAIS ILUSÓRIAS QUANDO ELAS SE TORNAM INTERATIVAS.

Diante dessas considerações, observamos que a representação do corpo traduz uma metáfora para providenciar a articulação estratégica de um discurso corpóreo a partir da disposição dos dados visuais. Ou seja, a fluidez do enunciado imagético expõe a singularidade do corpo como instância adequada para a expressão virtual. A linguagem das aparências, dos esboços, das nuanças, permite operacionalização mais eficaz da entidade aqui, vislumbrada como imagem, sobretudo na dinâmica da interatividade.

A interatividade proposta pelas mídias digitais parece estimular os enunciados, possibilitando a elaboração de um trânsito comunicacional que disponibiliza as informações. Uma corrente interativa agencia/negocia real e virtual, atualizados concomitantemente com a troca de mensagens inteligíveis/sensíveis. Na tela do computador ou no monitor de televisão, a ampliação desse campo do real ao virtual explora as condições adaptativas do corpo na cena tecnológica (digital/eletrônica) – extensão de resultados enunciativos.

Em outras palavras, esse procedimento metafísico entre corpo e tecnologia revigora a ecologia de um ambiente digital da cibercultura, ao acionar o sistema virtual da linguagem de um design cada vez mais complexo. A transmissão da imagem corporal flexibiliza uma fina camada externa do corpo como eixo da visualidade que contorna a pele, uma vez que o observador não absorve, diretamente, a interioridade de um órgão, mas sua superficialidade plausível. As *transcorporalidades* acionam as versatilidades virtuais do objeto!

Considerações finais

Ao realizarmos uma escritura crítica sobre *corpo, mídia* e *representação*, tentamos examinar algumas questões efervescentes que (inter)conectam o sujeito social e o coletivo em uma experiência vivencial de pertença, desde a simples compreensão do sujeito como ser social até o pleito da capacidade de sua individuação no contemporâneo. A multiplicidade de temas que tangenciam a tríade *corpo, mídia* e *representação* (re)organiza recorrências discursivas, que contêm a expectativa de implementar os estudos contemporâneos, cada vez mais críticos e dinâmicos, sem esquecer de dialogar com a realidade do mercado.

Tentamos também acompanhar as atualizações intelectuais, acadêmicas e profissionais do mercado, tendo em vista a flexibilidade das constantes "novidades" que se expõem nos anúncios contemporâneos. Na sua peculiaridade expressiva, cada capítulo manifesta o desejo de promover e contribuir com a abrangência sobre o corpo, em diálogo com a especificidade que lhe compete.

Os desafios teóricos, metodológicos e práticos podem ser notados nesses estudos contemporâneos, ao (re)visitarmos diferentes áreas do conhecimento: arte, comunicação, dança, esporte, moda e publicidade. Entretanto, não pretendemos esgotar as malhas do pensamento que abordam a temática corpo, mas, sim, objetivamos estimular novas pesquisas sobre o tema.

A complexa sociabilidade oriunda da imagem corporal percorreu algumas instâncias discursivas. Da multidão conglomerada à representação de família, comunidade ou massa, o posicionamento de pertença do corpo no coletivo, enquanto unidade (inter)textual de mediação comunicacional, instaura a enunciação individual que coabita o *entre-lugar*. Inscrevemos a mídia como estratégia discursiva para articular nossas observações sobre corpo e representação na atualidade.

O corpo, nesse caso, manifesta singularidades visuais do indivíduo que presencia, testemunha e vivencia diferentes *status*. Esse termo enunciativo – corpo – implementa e atualiza a eloqüência de temáticas e discussões em diferentes instâncias representacionais da imagem cujas justaposições de idéias e conflitos criam uma situação provisória de comunidade discursiva. Em linhas gerais, partimos da razoável hipótese de que sujeito e multidão são deslocados pelas influências e tendências midiáticas como paradoxo que atinge, pontualmente, o gotejo do individual ao coletivo e vice-versa. Do micro ao macro, a posição do corpo nessa situação, diante das dimensões críticas do contemporâneo, evidencia uma gama de peculiaridades conceituais cujos efeitos de sentidos de tal peculiaridade acumulam variáveis discursivas que impressionam bastante!

Acreditamos que a descrição relacional entre *corpo*, *mídia* e *representação* pode ser efetuada pela paisagem material, concreta, em um panorama de resultados que exploram e ultrapassam as (de)marcações fronteiriças, limítrofes. A concentração excessiva de corpos, objetos, imagens, arquiteturas e informações na mídia impulsiona um somatório exaustivo de enunciados. Estrategicamente, esse somatório equaciona a mensagem publicitária, midiática.

O corpo não quer dizer nada, se a exegese de uma babel apocalíptica da metrópole, para não dizer borgiana, desprezar o sistema de representação midiático. Logo, esse corpo quer dizer muito quando a mídia tenta diluir qualquer noção de corpo e seu contexto ambiental, sobretudo com as influências das novas tecnologias e as propriedades da cultura digital. Um paradoxo se forma a partir da (re)inscrição da mera aparência – imagem corporal – acoplada aos novos dispositivos técnicos de linguagem midiática.

Do contexto exterior ao corpo passando pela mediação e, conseqüentemente, pela manifestação visual dessa corporalidade, insistimos na relevância das anotações epistemológicas que descrevem os efeitos de sentidos para tangenciar uma máxima ficcional da noção de corpo. Assim, a representação do corpo torna-se circunstância flexível, capaz de articular-se na dinâmica das estratégias discursivas na mídia.

A imagem do corpo contemporâneo pressupõe a diretriz da aparência como recorte conceitual e, dessa forma, quer justificar a recorrência de uma enunciação que extrapola o lugar do sujeito à materialidade da carne. A mídia, nesse caso, evidencia o lugar da complexidade equivocada, que imbrica corpo e imagem em uma predicação discursiva da aparência. Essa última emerge na superficialidade da forma, pois destaca apenas o que se mostra exteriormente – resultante visual de potencialidade do mercado, portanto, mutável, artificial. Em outras palavras, a aparência corporal torna-se um não-lugar de profundidades (inter)subjetivas e, conseqüentemente, a mídia desloca a identidade desse corpo para dar lugar à ação enfática do consumo. Para Annateresa Fabris (2004, p. 73):

> A aparência, desse modo, deixa de estar conotada à idéia de algo que se mostra de imediato para assumir o significado de ilusão, de disfarce, de simulação. O sujeito nada pode nesse processo: o que ele tem a exibir é produto de um aparato que o transforma à sua revelia, conferindo-lhe uma identidade fictícia e epidérmica.

> Uma identidade bem frágil, fruto de uma causalidade que continuará a imprimir alterações naquela que é orientada a marca distintiva de todo indivíduo: sua efígie...

No decorrer deste livro, tentamos registrar os efeitos caleidoscópicos do corpo híbrido desenhado na mídia atual. Nesse desenlace, a materialidade do corpo (inter/trans)textual traduz anotações de um tecido polifônico cujos traços contabilizam a imagem corporal que agencia/negocia a expressão oblíqua da diversidade cultural. Percorrendo essa escritura, a imagem do corpo propositadamente paira na irresolução dos códigos cifrados, para serem vistos/lidos como contingências de metáforas identitárias. Dessa forma, procuramos as metáforas, que ironicamente reinscreveram a dinâmica discursiva, ao deslizar a noção de corpo sobre a (re)configuração da mídia no contemporâneo.

AUMONT, Jacques. *A imagem*. Trad. de Estela dos Santos Abreu e Cláudio C. Santos. 2. ed. Campinas: Papirus, 1995.

BARATA, Danilo Silva. O corpo inscrito. In: MEDEIROS, Maria Beatriz (Org.). *Arte em pesquisa*: Especificidades. Brasília: Anpap-UnB, 2004.

BARBOSA, Ivan Santo (Org.). *Os sentidos da publicidade* – Estudos interdisciplinares. São Paulo: Pioneira Thomson Learning, 2005.

BHABHA, Homi K. *O local da cultura*. Trad. de Myriam Ávila, Eliana L. L. Reis e Gláucia R. Gonçalves. Belo Horizonte: Editora UFMG, 1998.

BIÃO, Armindo. Estética performática e cotidiano. In: *Performáticos, performance e sociedade*. Depto. de Sociologia – Transe – UnB. Brasília: Editora UnB, 1996.

BOUSSO, Vitória Daniela (Org.). *Metacorpos*. São Paulo: Paço das Artes, 2003.

BUTLER, Judith. *Problemas de gênero* – Feminismo e subversão de identidade. Trad. de Renato Aguiar. Rio de Janeiro: Civilização Brasileira, 2003.

_____. Corpos que pensam: sobre os limites discursivos do "sexo". In: LOURO, Guacira Lopes (Org.). *O corpo educado* – Pedagogias da sexualidade. Belo Horizonte: Autêntica, 2001.

CABRAL, José. Um corpo para uma arquitetura irreversível. In: GARCIA, Wilton (Org.). *Corpo & tecnologia*. São Paulo: Nojosa Edições/Senac, 2004.
CAILLOIS, Roger. *Os jogos e os homens*. Lisboa: Cotovia, 1987.
CAMARGO, Francisco Carlos; HOFF, Tânia Maria Cezar. *Erotismo e mídia*. São Paulo: Expressão & Arte, 2002.
CAMPOS, Maria Consuelo Cunha. *De Frankstein ao transgênero*. Rio de Janeiro: Ágora da Ilha, 2001.
CANCLINI, Néstor Garcia. *A globalização imaginada*. Trad. de Sérgio Molina. São Paulo: Iluminuras, 2003.
_____. *Culturas híbridas*. Trad. de Ana Regina Lessa e Heloisa Pezza Cintrão. São Paulo: Edusp, 1998.
CANEVACCI, Massimo. *Antropologia da comunicação visual*. Trad. de Alba Olmi. Rio de Janeiro: DP&A, 2001.
CASTRO, Ana Lúcia de. *Culto ao corpo e sociedade* – Mídia, estilos de vida e cultura de consumo. São Paulo: Annablume, 2003.
CEVASCO, Maria Elisa. *Dez lições sobre os estudos culturais*. São Paulo: Boitempo, 2003.
_____. *Cultural studies*: A brazilian perspective. São Paulo: Humanitas, 1997.
CODO, Wanderley; SENNE, Wilson. *O que é corpo(latria)*. São Paulo: Brasiliense, 1985.
COHEN, Renato. Performance – anos 90: Considerações sobre o Zeitgeist contemporâneo. In: *Performáticos, performance & sociedade*. Departamento de Sociologia – Transe – Universidade de Brasília. Brasília: Editora UnB, 1996.
_____. *Work in progress na cena contemporânea:* Criação, encenação e recepção. São Paulo: Perspectiva, 1998.
_____. *Performance como linguagem:* Criação de um tempo-espaço de experimentação. São Paulo: Perspectiva, 1989.
COSTA, Jurandir Freire. *O vestígio e a aura*: Corpo e consumismo na moral do espetáculo. Rio de Janeiro: Garamond, 2004.
_____. *A face e o verso:* Estudos sobre o homoerotismo II. São Paulo: Escuta, 1995.
COSTA, Mario. Corpo e redes. In: DOMINGUES, Diana (Org.). *A arte no século XXI*: A humanização das tecnologias. São Paulo: Unesp, 1997.
COSTA, Rogério da. *A cultura digital*. São Paulo: PubliFolha, 2002. (Coleção Folha Explica)
CUNHA, Newton. Corpo, ética, cidadania e qualidade de vida. In: *Escolhas sobre o corpo*: Valores e práticas físicas em tempo de mudança. São Paulo: Sesc, 2003.
DIÓGENES, Glória. *Itinerários de corpos juvenis* – O baile, o jogo e o tatame. São Paulo: Annablume, 2003.
EWING, Willian A. *El cuerpo*. Trad. de Adolfo Gómez Cedillo. Madri: Siruela, 1996.
FABRIS, Annateresa. *Identidades virtuais*: Uma leitura do retrato fotográfico. Belo Horizonte: Editora UFMG, 2004.

FLOCKER, Michael. *O metrossexual* – Guia de estilo: um manual para o homem moderno. Trad. de Santiago Nazarian. São Paulo: Planeta, 2004.

FOUCAULT, Michel. *História da sexualidade* 3 – O cuidado de si. Trad. de Maria Thereza da Costa Albuquerque e J. A. Guilhon Albuquerque. Rio de Janeiro: Graal, 1999.

_____. *Vigiar e punir:* Nascimento da prisão. Trad. de Raquel Ramalhete. Petrópolis: Vozes, 1987.

FREUD, Sigmund. *Além do princípio do prazer.* In: *Obras Completas.* Trad. de Walderedo Ismail de Oliveira. São Paulo: Imago, 1900-1901.

_____. *A interpretação dos sonhos (segunda parte).* In: *Obras Completas.* Trad. de Walderedo Ismail de Oliveira. São Paulo: Imago, 1900-1901.

GARBOGGINI-SIQUEIRA, Flailda Brito. O homem no espelho da publicidade: Reflexão e refração da imagem masculina em comerciais de TV nos anos 90. São Paulo, 1999. Tese (Doutorado) – ECA/USP.

GARCIA, Wilton. *Homoerotismo & imagem no Brasil.* São Paulo: Nojosa, 2004a.

_____ (Org.). *Corpo & tecnologia.* São Paulo: Nojosa Edições/Senac, 2004b.

_____. Cultura midiática: Perspectivas contemporâneas. In: NOJOSA, Urbano; GARCIA, Wilton (Orgs.). *Comunicação & tecnologia.* São Paulo: Nojosa Edições, 2003.

_____. O corpo espetacularizado. In: LYRA, Bernadette; GARCIA, Wilton (Orgs.) *Corpo e cultura.* São Paulo: Xamã-ECA/USP, 2001.

_____. *Introdução ao cinema intertextual de Peter Greenaway.* São Paulo: Annablume – UniABC, 2000a.

_____. *A forma estranha:* Ensaios sobre cultura e homoerotismo. São Paulo: Pulsar, 2000b.

GEERTZ, Clifford. *Interpretação das culturas.* Trad. de Gilberto Velho. Rio de Janeiro: Guanabara, 1989.

GIL, José. *Metamorfoses do corpo.* Lisboa: Relógio d'Água, 1997.

GREINER, Christine; AMORIM, Cláudia (Orgs.). *Leituras do corpo.* São Paulo: Annablume, 2003.

GUMBRECHT, Hans Ulrich. *Corpo e forma* – Ensaios para uma crítica não-hermenêutica. In: ROCHA, João Cezar de C. (Org.). Rio de Janeiro: EdUERJ, 1998.

HALL, Stuart. *Da diáspora* – Identidades e mediações culturais. SOVIK, Liv (Org.). Belo Horizonte: Editora UFMG, 2003.

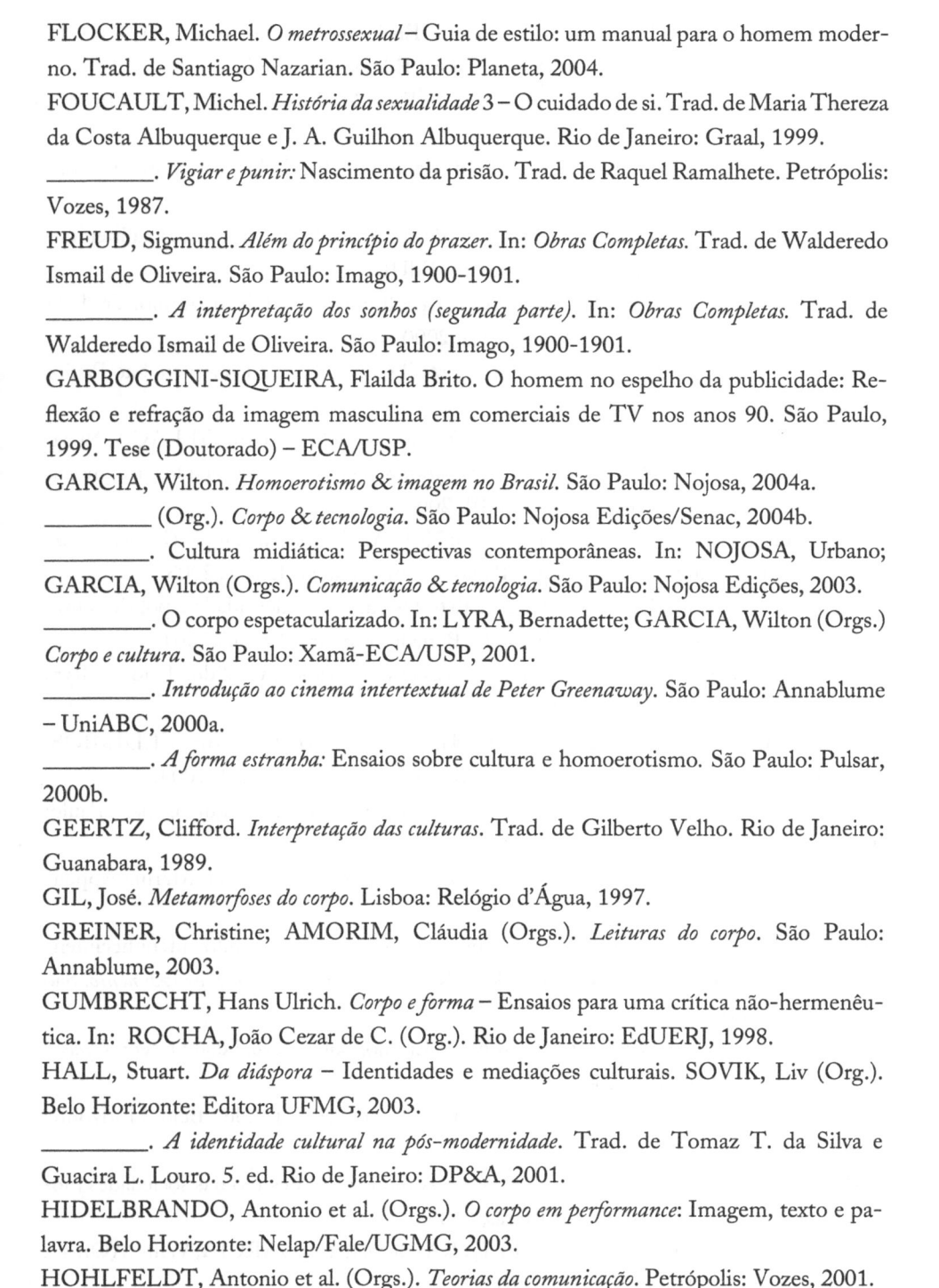

_____. *A identidade cultural na pós-modernidade.* Trad. de Tomaz T. da Silva e Guacira L. Louro. 5. ed. Rio de Janeiro: DP&A, 2001.

HIDELBRANDO, Antonio et al. (Orgs.). *O corpo em performance:* Imagem, texto e palavra. Belo Horizonte: Nelap/Fale/UGMG, 2003.

HOHLFELDT, Antonio et al. (Orgs.). *Teorias da comunicação.* Petrópolis: Vozes, 2001.

HUTCHEON, Linda. *Uma teoria da paródia* – Ensinamentos das formas das artes do Século XX. Trad. de Teresa Louro Pérez. Lisboa: Edições 70, 1985.

_____. *Poética do pós-modernismo*. Trad. de Ricardo Cruz. Rio de Janeiro: Imago, 1991.

_____. *Teoria e política da ironia*. Trad. de Julio Jeha. Belo Horizonte: Editora UFMG, 2000.

ISER, Wolfgang. O fictício e o imaginário — Perspectivas de uma antropologia literária. Trad. de Johannes Krestchmer. Rio de Janeiro: EdUERJ, 1996.

JAMESON, Frederic. *Pós-modernismo* – A lógica cultural do capitalismo tardio. Trad. de Maria Eliza Cevasco. 2. ed. São Paulo: Ática, 2000.

JEUDY, Henri-Pierre. *O corpo como objeto de arte*. Trad. de Tereza Lourenço. São Paulo: Estação Liberdade, 2002.

JOFFILY, Ruth. Sobre o vestuário feminino: Da regra à indefinição. In: VILLAÇA, Nízia; GÓES, Fred (Orgs.). *Nas fronteiras do contemporâneo*: Território, identidade, arte, moda, corpo e mídia. Rio de Janeiro: Mauad-FUJB, 2001.

KEHL, Maria Rita. As máquinas falantes. In: NOVAES, Adauto (Org.). *O homem-máquina*: A ciência manipula o corpo. São Paulo: Companhia das Letras, 2003.

KELLNER, Douglas. *A cultura da mídia* – Estudos culturais: identidade e política entre moderno e pós-moderno. Trad. de Ivone C. Benedetti. Bauru: EUSC, 2001.

KLEIN, Naomi. *Sem Logo*: A tirania das marcas em um planeta vendido. Trad. de Ryta Vinagre. Rio de Janeiro: Record, 2002.

LA-BELLA, Naia. Carlos Miele, arte/moda: posição ex-cêntrica. In: MEDEIROS, Maria Beatriz. *Arte em pesquisa*: Especificidades. Brasília: Anpap-UnB, 2004.

LEÃO, Lucia. *Interlab* – Labirintos do pensamento contemporâneo. São Paulo: Iluminuras, 2002.

LE BRETON, David. *Adeus ao corpo* – Antropologia e sociedade. Trad. Marina Appenzeller. Campinas: Papirus, 2003.

LEE-MANOEL, Cristina Landgraf. O corpo em movimento gerando autconhecimento. In: SERVIÇO SOCIAL DO COMÉRCIO (SESC). *Corpo, prazer e movimento*. São Paulo: Sesc, 2001.

LOURO, Guacira Lopes. *Um corpo estranho* – Ensaios sobre sexualidade e teoria *queer*. Belo Horizonte: Autêntica, 2004.

_____ (Org.). *O corpo educado* – Pedagogias da sexualidade. Belo Horizonte: Autêntica, 2001.

LIPOVETSKY, Gilles. *O império do efêmero* – A moda e seu destino nas sociedades modernas. São Paulo: Companhia das Letras, 1989.

LYRA, Bernadette. O corpo em agôn. In: LYRA, Bernadette; GARCIA, Wilton (Orgs.). *Corpo e cultura*. São Paulo: Xamã-ECA/USP, 2001.

LYRA, Bernadette; GARCIA, Wilton (Orgs.). *Corpo e imagem*. São Paulo: Arte & Ciência, 2002.

MACHADO, Arlindo (Org.). *Made in Brazil* – Três décadas do vídeo brasileiro. São Paulo: Itaú Cultural, 2003.

MAFFESOLI, Michel. *No fundo das aparências*. Trad. de Bertha Halpern Gurovitz. Petrópolis: Vozes, 1996.

MALYSSE, Stéphane. Em busca do (H)alteres-ego: Olhares franceses nos bastidores da corpolatria carioca. In: GOLDEMBERG, Mirian (Org.). *Nu & vestido* – Dez antropólogos revelam a cultura do corpo carioca. Rio de Janeiro: Record, 2002.

MARTIN-BARBERO, Jesús. *Dos meios às mediações* – Comunicação, cultura e hegemonia. Trad. de Ronald Polito e Sérgio Alcides. 2. ed. Rio de Janeiro: Editora UFRJ, 2003.

MATOS, Marlise. *Reinvenções do vínculo amoroso* – Identidade e cultura de gênero na modernidade tardia. Belo Horizonte: Editora UFMG, 2000.

MATURANA, Humberto. *Cognição, ciência e vida cotidiana*. Trad. e org. de Cristina Magro e Victor Paredes. Belo Horizonte: Editora UFMG, 2001.

_____. *A ontologia da realidade*. Trad. de Cristina Magro, Miriam Graciano e Nelson Vaz. Belo Horizonte: Editora UFMG, 1997.

MAY, Sheila. *Representação, performance e sublime kantiano*. Ensaio apresentado no Congresso da Abrace, São Paulo, 1999.

_____. *ECCE HOMO* – Transitivo "mesmo que seja eu": Desconstrução de modelos de identidade na performance de Erasmo Carlos, Ney Matogrosso e Marina Lima. Niterói, 2000. Dissertação (Mestrado) – Instituto de Letras da UFF.

McLUHAN, Marshall. *Os meios de comunicação como extensão do homem*. São Paulo: Cultrix, 1969.

MONTEIRO, Pedro Paulo. *Quem somos nós?* O enigma do corpo. Belo Horizonte: Gutemberg, 2004.

MORAES, Eliane Robert. *O corpo impossível*. A decomposição da figura humana: De Lautréamont a Bataille. São Paulo: Iluminuras, 2002.

MOREIRAS, Alberto. *A exaustão da diferença* – A política dos estudos culturais latino-americanos. Trad. de Eliana L. L. Reis e Gláucia R. Gonçalves. Belo Horizonte: Editora UFMG, 2001.

MUÑOZ, José Steban. *Disidentifications:* Queers of color and the performance of politics. Mineápolis: Universitry of Minesota Press, 1999.

NOVAES, Adauto (Org.). *O homem-máquina* – A ciência manipula o corpo. São Paulo: Companhia das Letras, 2003.

NOJOSA, Urbano (Org.). *O design contemporâneo*. São Paulo: Nojosa Edições, 2005.

PALOMINO, Erika. *Babado forte* – Moda, música e noite na virada do século XXI. São Paulo: Madarim, 1999.

PARKER, Richard G. *Bodies, pleasures and passions*: Sexual culture in contemporary Brazil. Boston: Beacon Press, 1991.

_____. *Abaixo do Equador* – Culturas do desejo, homossexualidade masculina e comunidade *gay* no Brasil. Rio de Janeiro: Record, 2002.

PERNIOLA, Mario. *Pensando o ritual* – Sexualidade, morte, mundo. Trad. de Maria do R. Toschi. São Paulo: Studio Nobel, 2000.

PHELAN, Peggy. *Unmarked* – The politics of performance. Nova York: Routledge, 1998.

QUEIROZ, Renato da Silva (Org.). *O corpo do brasileiro* – Estudos de estética e beleza. São Paulo: Senac, 2001.

REVISTA SEXTA FEIRA – antropologia, artes, humanidades, n. 5. São Paulo: Hedra, 1999.

ROSA, Rosana. O Corpo pós-humano produzido em *Matrix* In: GARCIA, Wilton (Org.) *Corpo e tecnologia*. São Paulo: Nojosa Edições, 2004.

RORTY, Richard. Pragmatismo, filosofia analítica e ciência. In: *Filosofia analítica, pragmatismo e ciência*. PINTO, Paulo Roberto Margutti et al. (Orgs.). Belo Horizonte: Editora UFMG, 1998.

_____. *Culturas e artes do pós-humano* – Da cultura das mídias à cibercultura. São Paulo: Paulus, 2003.

SANTAELLA, Maria Lúcia. *Corpo e comunicação* – Sintomas da cultura. São Paulo: Paulus, 2004.

_____. *Culturas e artes do pós-humano* – Da cultura das mídias à cibercultura. São Paulo: Paulus, 2003.

SANT'ANNA, Denise Bernuzzi de. *Corpos de passagem:* Ensaios sobre a subjetividade contemporânea. São Paulo: Estação Liberdade, 2001.

_____ (Org.). *Políticas do corpo*. São Paulo: Estação Liberdade, 1994.

SANTORO, Maria Teresa. O corpo na arte, na ciência e nas mídias contemporâneas. In: GARCIA, Wilton (Org.). *Corpo e tecnologia*. São Paulo: Nojosa Edições/Senac, 2004.

SANTOS, Rick. O corpo *queer*. In: LYRA, Bernadette; GARCIA, Wilton (Orgs.). Corpo e cultura. São Paulo: Xamã-ECA/USP, 2001.

SANTOS, Rick; GARCIA, Wilton (Orgs.). *A escrita de adé*: Perspectivas teóricas dos estudos *gays* e lésbic@s no Brasil. São Paulo: Xamã-Nassau Community College – NCC/SUNY, 2002.

SARDUY, Severo. *Escrito sobre um corpo*. Trad. de Lígia Chiappini Moraes Leite e Lúcia Teixeira Wisnik. São Paulo: Perspectiva, 1979.

SEVCENKO, Nicolau. *A corrida para o século XXI* – No *loop* da montanha-russa. São Paulo: Companhia das Letras, 2001.

SIBILIA, Paula. *O homem pós-orgânico* – Corpo, subjetividade e tecnologias digitais. Rio de Janeiro: Relume Dumará, 2002.

SILVA, Inácio Assis (Org.). *Corpo e sentido* – A escuta do sensível. São Paulo: Unesp, 1996.

SIMPSON, Mark. Here come the mirror men. In: *The Independent*, nov. 1994.

_____. Meet the metrosexual. In: *Revista on-line Salon*, 2002.

SODRÉ, Muniz. A mascarada multiculturalista. In: VILLAÇA, Nízia; GÓES, Fred (Orgs.). *Nas fronteiras do contemporâneo* – Território, identidade, arte, moda, corpo e mídia. Rio de Janeiro: Maud-FUJB, 2001.

_____. *A comunicação do grotesco*: Introdução à cultura de massa brasileira. Petrópolis: Vozes, 1992.

SONTAG, Susan. Notas sobre o *camp*. In: *Contra a interpretação*. Porto Alegre: L&PM, 1987.

STELARC. Das estratégias psicológicas às ciberestratégias: a protética, a robótica e a existência remota. In: DOMINGUES, Diana (Org.). *A arte no século XXI*: A humanização das tecnologias. São Paulo: Unesp, 1997.

TREVISAN, João Silvério. *Devassos no paraíso* – A homossexualidade no Brasil, da colônia à atualidade. 3. ed. Rio de Janeiro: Record, 2000.

VIEIRA, João Luiz. O corpo *voyeur*: Djalma Batista e Alair Gomes. In: NOJOSA, Urbano; GARCIA, Wilton (Orgs.). *Comunicação & tecnologia*. São Paulo: Nojosa, 2003.

VILLAÇA, Nízia e GÓES, Fred. *Em nome do corpo*. Rio de Janeiro: Rocco, 1998.

_____ (Orgs.). *Nas fronteiras do contemporâneo*: Território, identidade, arte, moda, corpo e mídia. Rio de Janeiro: Mauad-FUJB, 2001.

VILLAÇA, Nízia. Corpo, sentido e imperfeição: A moda como estratégia. In: SILVA, Inácio Assis (Org.). *Corpo e sentido* – A escuta do sensível. São Paulo: Unesp, 1996.

WINNICOTT, Donald. *O brincar & a realidade*. Trad. de José O. de A. Lima e Vanede Nobre. Rio de Janeiro: Imago, 1975.

XAVIER, Ismail (Org.). *A experiência do cinema*. Rio de Janeiro: Graal, 1983.

ZUMTHOR, Paul. *Performance, recepção, leitura*. Trad. de Jerusa P. Ferreira e Suely Penerich. São Paulo: Educ, 2000.